KB037430

대학·중용

EBS 오늘 읽는 클래식

대학·중용
철학의 시대에서 정치를 배우다

한국철학사상연구회 기획 | 김예호 지음

서문

현재 한국은 어느 나라에도 뒤지지 않을 만큼 소비문화가 발전했다. 끈질긴 과학 탐구 정신과 노력으로 인공위성을 쏘아 올릴 만큼 과학기술 문화도 발전했고, 예술과 체육에 뛰어난 젊은이들로 인해 국가의 위상도 높아졌다. 그런데 눈을 돌려보면 사회에 첫발을 내딛는 사람들 대부분은 죽어라 일해도 대출을 받아야만 그나마 자기 몸을 누일 자그마한 거주 공간을 만들 수 있는 현실이다. 인생의 중요한 시기 대부분을 대출한 빚을 갚는 일로 보낸다고 생각하니 이 또한 얼마나 씁쓸한가. 이를 보면, 그동안 그렇게 모든 문제를 경제와 시장 논리에 집약시키고 종속해왔음에도 실제로 노동과 노력의 대가는 과거보다 더 열악해졌다는 생각도 든다.

무엇보다 현재 한국 사회는 각 분야를 아우르고 조절하며 모두가 지향하는 새로운 가치와 정신을 탐구하려는 열정이 갈수록 식어만 가고 있는 것 같다. 사회의 균형 있는 발전을 위해 경제와 비경제, 산업과 비산업, 시장과 반시장적 가치를 조화시키는 적절한 메커니즘의 창출 노력은 오히려 이전보다도 더 후퇴한 느낌마저 든다. 현재 대학의 모습을 보면 보편적 진리와 정의를 추구하는 본래 기능은 점차 약화하고, 기업이 필요로 하는 인력을 알아서 제공해주는 직업훈련 대행소처럼 전락하고 있는 건 아닌가 싶다.

지금이라도 경제, 산업, 시장, 개발 논리에만 치우친 결과가 무엇이며 그것은 어떤 가치를 위한 선택이었는지에 대해 진지하게 한번 고민해볼 필요가 있다. 그것이 무엇을 위한 것이었는가 하는 가치의 망각은 언젠가 그만한 사회의 고통과 희생을 불러오기 마련이다.

지금도 대자본이 제공하는 울타리 안에서 그들이 이끄는 대로 사람들은 여전히 무언가를 열심히 먹고 쓰고 또 무언가를 다시 소비하는 생활을 반복하고 있다. 누군가가 앞서 이미 정해놓은 소비문화의 패턴에서 우리는 항상 자석처럼 이끌리듯 오늘과 같은 내일을 살아간다. 그리고 유통기한이 길지 않은 새로운 상품과 문화의 소비를 통해 오늘과 다른 내일의 나의 모습을 확인받는다. 잠깐 스쳐가는 유행이나 일회성 소비 문화에 깊숙이 젖어들자 새로운 문화에 대한 소비가 잠시라도 단절될 때라면 자신의 인생이 남들보다 뒤처진 건 아닌가 하는 불안감이 든다.

각자가 자신의 자리에서 일하면서 누군가 제공하는 문화를 반복적으로 소비하는 행위만을 통해 현재와 다른 더 나은 내일의 나와 내일의 사회를 기약하기란 사실상 힘들다. 그리고 우리가 현재 겪고 있는 오늘은 하늘에서 방금 떨어진 게 아니다. 오늘은 과거의 결과이고 내일은 또 오늘의 결과로 나타나는 것이다. 내일의 나를 위해 잠깐의 시간을 고전에 투자해서 과거에 사람들은 무슨 생각을 했고 어떻게 살았는지 한번 살펴보자.

고전을 통해서나마 우리가 살아온 삶의 자취를 체험하는 일은 자본주의식 계산 논리에서도 결코 밑지는 장사는 아니다.

첫째, 역사의 흐름 속에서 현재 자기 자신의 모습을 마주볼 수 있는 힘을 길러준다. 이것은 나와 사회의 정체성을 확인하는 좋은 기회를 제공함으로써 나와 사회가 향후 나아갈 방향성에 대해 사고하는 시간을 갖게 해줄 것이다. 둘째로 경제나 산업 논리에서 벗어나 비경제, 비산업적 가치가 사회발전에 지니는 의미를 되새겨보는 기회가 될 것이다. 이것은 사회구성원들이 자본과 소비의 논리에서 벗어나 잠시나마 중용적 시각에서 미래 사회가 균형 있게 발전하는 방법에 대해 생각하는 기회를 제공해줄 것이다. 셋째, 어떤 문제가 생겼을 때 혼자 고민할 필요 없이 이미 경험했던 다른 사람들의 다양한 사례를 통해 조언을 구하는 방법이기도 하다. 만약 자신이 고민했던 것과 같은 문제였다면 그것들을 참고할 수 있으므로 자신의 인생을 그만큼 절약하는 것이기도 할 것이다. 이 점에서 다른 사람들이 경험한 자취가 담겨 있는 고전은 우리의 삶을 효율적이고도 풍부하게 만드는 자료라고 할 수 있다.

『대학』과 『중용』은 유학의 경전으로 도덕철학의 내용을 주로 말한다. 너무 교훈적인 내용을 많이 다루고 있으므로 동양학 전공자가 아닌 사람들이나 오감을 자극하는 소비문화에 익숙한 사람들이 보기에 따분하고 지루할 것이다. 다른 고전들에 비해서도 유학 고전을 대하는 것이 더 무료할 것 같다는 사람들이 있다면 이렇게 한번 생각해보는 것은 어떨까. 자본주의라는 화려하고 번잡한 문화를 잠시 벗어나 잠깐의 시간을 내서 약이나 의료 도구의 도움 없이 정신과 육체가 좀 더 건강해질 수 있는 산림욕을 한다고 해보자. 아니면 가벼운 마음으로 옛사람들이 살았던 민속촌에 잠시 놀러 가서 과거 사람들이 무엇을 생각하고 무엇으로 살았는지 한번 둘러보며 즐긴다고 생각하자. 화려한 소비문화에서 경험할 수 없는 새로운 문화를 체험해보는 것이고, 우리가 정신적으로 누릴 수 있는 문화의 한 부분을 더 추가하는 것으로 생각하자. 고전은 우리가 현재 누리는 자본주의 경제, 산업, 시장 논리에서 벗어나 좀 더 다른 시각에서 삶을 이해하는 폭을 넓혀줄 것이다. 고전을 대하는 순간 우리는 아마도 오감을 최대한 자극하는 상품문화를 소비하는 것과는 질적으로 다른 문화를 소비한다는 생각이 들 것이다. 고전을 소비하는 일은 오늘날 각각의 전문 능력을 중시하는 세상 속에서 어떤 한 분야에만 특정하게 적용되는 것이 아닌 보편적인 가치와 정의에 대해 사색해보는 생산적인 기회를 제공할 것이다. 아무리 혼자서 잘 자란 나무라도 숲의 어느 한 편이라도 병들면 언젠가 그 영향을 받기 마련이다.

우리는 고전을 통해 조상들의 삶을 더하지도 빼지도 않고 있는 그대로 느끼며 그 경험을 문화의 한 부분으로 누리면 그만이다. 그 경험을 돈을 주고 사오지는 못할망정 애써 손에 쥐고 있는 문화 경험을 구태여 버릴 필요는 없다. 역사가 말해주듯 세상은 계속 변하는 것이고 그 변화된 세상의 질감은 우리가 현재 얼마나 많은 문화를 다양하게 섭취했는가에 따라 달라진다.

전통 사회의 삶의 지침서이자 정신문화에 큰 영향을 주었던 고전과의 만남이 여러분의 생각을 풍부하게 하고 삶의 여유를 주는 데 도움이 되길 바란다.

2022년 늦가을
김예호

차례

1장 평천하와 진정한 리더의 길

2장 『대학』 읽기

3장 『중용』 읽기

4장 철학의 이정표

일러두기

이 책에 수록한 『대학』 『중용』을 비롯한 동양 고전의 인용문은 모두 저자가 직접 번역했다.

1장

평천하와 진정한 리더의 길

평천하의 방법과 리더의 실천 윤리

혼란을 잠재우는 '평천하'의 정치 방법이란 무엇인가

중국 고대 역사는 하(夏), 상(商), 주(周)나라를 지나 약 500여 년 동안 제후국들이 힘을 겨루는 혼란의 춘추(春秋, 기원전 770~403)시대와 전국(戰國, 기원전 403~221)시대를 맞는다. 춘추전국시대라는 오랜 분열의 시대에 정치사상계의 최대 화두는 어떻게 하면 시대의 혼란을 잠재우고 '평천하(平天下)'의 시대를 이루느냐는 것이었다.

주나라 천자의 중앙 통제력이 상실되자 제후국들은 각자 생존을 위한 경쟁 관계에 놓였고, 각지의 제후들은 자신이 경쟁에서 살아남을 방책을 모색했다. 패권 경쟁 속에 놓인 제후들은 정치·행정·군사 등 여러 방면에서 자신을 도와줄 인재들을 목마르게 찾았는데, 이러한 상황은 병가, 유가, 도가, 묵가, 법가 등 제자백가로 명명되는 지식인 계층을 탄생케 하는 계기였다. 당시의 시대 상황은 자신들의 태생적인 신분에 상관없이 다양한 사상가들이 정치 무대 전면에 자유롭게 진출해 자신의 학설을 펼칠 기회를 제공한 것이다.

당시 사상계에서 활동한 대표적인 학파로는 병가, 유가, 묵가, 도가, 법가 등이었다. 병가는 당시 일어나는 보편적인 정치 현상인 전쟁에 적극적으로 대응할 것을 주장하며 부국강병을 철학의 중심 테마로 삼았다. 묵가는 강자가 약자를 무력으로 침탈하는 당시 상황을 비판하면서 약자를 보호하자는 보편적 박애주의를 주장했다. 도가의 경우 문명의 이기와 지식 등 인위적인 문화의 발전이 인간 삶을 해치고 있으므로 모든 인위를 버리고 자연 원리를 따를 것을 주장했다. 법가는 예와 형(법)의 두 가지 통치 수단으로 다스리던 전통적 정치 방법을 법으로 일원화해 다스려야 한다고 주장하며 직선적 역사관에 입각한 변법의 필요성을 역설했다. 유가의 경우 당시의 혼란은

· Concept Word ·

제자백가

기원전 221년 분열된 중국이 진(秦)나라에 의해 통일하기 전인 춘추전국시대에 유행한 철학 사조를 제자백가(諸子百家) 철학이라 부른다. '제자백가'의 '자(子)' 자는 당시 사회에 영향력이 컸던 사상가들을 가리키고 '가(家)'는 학파를 의미한다. 즉 '제자백가'란 많은 사상가와 다양한 학파를 지칭하는 일반명사이다. 이후 제자백가 철학은 춘추전국시대의 사상과 학파의 철학을 지칭하는 고유명사처럼 거론된다. 그 이유는 동아시아 역사상 춘추전국시대만큼 다양한 이념의 사상가들이 공존하며 서로 격렬하게 논쟁한 시기가 없었기 때문이다.

위정자들이 자신들의 욕심을 채우기 위해 주나라 천자의 예제를 파괴해 발생한 것이므로 위정자들이 도덕적으로 각성할 것을 역설하며 주나라의 예치를 회복하자고 주장한다.

여기서 다루는 유가의 경전 『대학』과 『중용』은 태평한 천하의 건설을 위해 위정자들이 갖추어야 할 도덕 실천, 앎, 통치 방법 등을 논의한다. 『대학』이 주로 평천하로 가는 정치 목적과 실천 원리에 대해서 논의했다면, 『중용』은 주로 삶의 실천 윤리에 대해 말한다.

『대학』은 공자(孔丘, 기원전 551~479)의 중심 사상인 '인(仁)'의 실현 내용과 방법을 축약해서 설명하는 유학의 매뉴얼과 같은 문헌이다. 공자가 말한 인의 실행은, 자신의 생물학적인 욕구를 극복하는 '극기(克己)' 수양을 통해 예의 사회정치적 질서를

『대학』의 저자로 추정되는 증자의 초상화. 『지성선현반신상(至聖先賢半身像)』(1330년경)에 수록.
출처: 대만 국립고궁박물관

회복해 '복례(復禮)'하는 것이다. 『대학』의 기본 강령은 '밝은 덕
을 밝히는(明明德)' 수양을 쌓으며 '백성을 새롭게 하는(新民)' 정
치를 통해 '지극히 선함에 머무르는 것(止於至善)'을 추구한다는
것이다. 『논어』와 『대학』의 자신의 수양을 통해 타인을 다스린
다는 '수기치인'과 '극기복례'의 사유는 이후 유행한 모든 유
학의 내용과 방법론에서 관철된다.

『대학』은 평천하에 이르는 길이란 '자신의 수양(修身)'을 토대로 다시 '가문을 평안하게 하고[齊家]', '나라를 다스리고[治國]', 나아가 '천하를 화평하게 하는[平天下]' 것이라고 말한다. 자신의 도덕 수양의 내용을 점차 더 큰 사회적 범주로 확장하는 가운데 평천하라는 정치적 목적을 달성한다는 이상을 담고 있다.

『중용』에서는 "참된 것은 하늘의 도이고, 참되려고 노력하는 것은 인간의 도이다"라고 한다. 자기 수양이 천하를 다스리는 길이며, 수신의 궁극적인 지향점은 도덕적 의지로 충만한 하늘과의 소통에 있다. 『중용』은 '배우기를 좋아하면 지혜에 가깝다는 것', '힘써 행하는 것은 어짊에 가깝다는 것', '부끄러움을 알면 용기에 가깝다는 것' 등 이 세 가지를 알면 자신을 수양하는 것을 알게 된다고 말한다. 이처럼 자신을 수양하는 것을 알면 다른 사람을 다스리는 것을 알게 되고, 다른 사람을 다스리는 것을 알면 천하와 국가를 다스리는 것을 알게 된다고 한다.

수신은 모든 방면에 적용되는 유가 철학의 가장 근본적인 전제이다. 수신에서 비롯해 그 범주를 점차 확장해 '평천하'에 이른다는 논리는 모든 유학과 관련된 정치 사유와 실천 방법론의 기본적인 골격이다.

『중용』의 저자로 추정되는 자사의 초상화. 『지성선현반신상(至聖先賢半身像)』(1330년경)에 수록.
출처: 대만 국립고궁박물관

'평천하'의 길로 이끄는 정치가의 인물상은 무엇인가

두 경전이 공통으로 지향한 정치인 상(像)은 성인과 군자다. 성인과 군자란 모든 방면에서 도덕적 실천 윤리로 무장하여 평천하의 통치 방법을 과거에 구현했거나, 현재 혼란을 잠재우고 평천하의 이상을 구현할 인물을 말한다. '군자는 바람과 같

주나라의 분봉제

천자 왕실은 중앙의 토지를 다스리며 천자의 지위는 천자의 적장자가 계승하고, 제후국들은 천자가 분봉한 영토를 다스리는 것을 말한다. 제후국들도 제후의 적장자가 그 지위를 세습하여 봉지를 다스리고 그 외 다른 형제들은 경(卿)이나 대부(大夫)가 되어 자신들에게 부여된 채읍(采邑)을 다스린다. 이들의 관계는 기본적으로 혈연으로 맺어진 관계이며 성(姓)이 다른 이성(異姓) 귀족들은 이들과 주로 혼인을 통해서 혈연관계에 버금가는 끈끈한 유대를 맺는다. 그러나 천자 왕실의 종법(宗法)에 토대한 주나라의 피라미드식 정치 질서는 시간이 갈수록 상호 촌수가 멀어지면서 피로 맺은 동맹이라는 혈연적 유대 의식이 느슨해질 수밖에 없었다. 서주 시대는 주나라 왕실의 권위와 힘이 제후국들을 통제할 수 있었던 시대를 의미하고, 동주 시대는 기원전 771년 서주의 마지막 왕인 유왕(幽王)이 견융(犬戎)에게 피살되고 수도를 뺏긴 후 낙읍(洛邑)으로 천도한 이후로 주나라가 사실상 왕실이라는 명목만을 유지한 시대를 말한다.

은 존재이고 소인은 풀과 같은 존재'이기 때문에 소인을 통제할 군자의 등장은 유가가 당시 사회 혼란을 잠재울 수 있다고 생각한 해결책이다. 그들은 당시 사회정치적 혼란이 주나라 정치 질서에서 이탈하는 과정에서 '군주가 군주답지 못하고 신하가 신하답지 못한' 도덕 자질의 문제에서 비롯했다고 보았기 때문이다.

주나라의 정치 체제인 예치(禮治)는 분봉제(分封制)를 기반으로 한다. 분봉제란 천자가 중앙에 위치하고 제후들이 천자로부터 하사받은 주위의 영토를 다스리는 방식이다. 주나라 천자의 지위는 천자 왕실의 적장자가 계승하고, 중앙의 천자로부터 땅을 하사받은 각 지역의 제후국들은 제후들의 적장자들이 세습해 각자의 영토를 다스렸다. 그들 간의 정치 질서는 가문의 법(종법)인 예치를 통해 형성된다. 그런데 시간이 흐를수록 각 계승자 간의 촌수는 멀어졌고 혈연의 관념이 약해졌다. 그래서 혈연적 유대관계를 기반으로 성립된 주나라 가문의 종법(宗法)의 정치 질서는 점차 무너졌고, 군신 간의 유대감을 잃게 되었다.

반면 천자의 통제력에서 벗어나기 시작한 각 지역의 제후들은 천하의 패권을 차지하기 위해 경쟁적으로 자신의 역량을 강화해 나아가면서 평균 1년에 2회 이상의 전쟁이 발생하는 혼란한 사회 상황을 낳았다.

유학은 당시 춘추시대의 사회정치적 혼란의 원인이 주나라 정치 질서(예법)를 지키지 않고 패권 의식으로 무장한 제후들의 부도덕함에서 비롯된 것이라 본다. 즉 정치가의 도덕적 자질이 역사를 이끌어가는 주요 원인이라는 입장을 가진 것이다.

유학의 인물(군자) 위주의 역사관에서는, 태평 시대로 다시 돌아갈 방법이란 당연히 새로운 성인과 군자의 출현을 통해서다. 『중용』은 군자들을 가리켜 '스스로 하늘에 비추어 수양하는 정성을 잠시도 게을리하지 않는 인물'이라고 규정하고, 『대학』은 군자의 '수신(修身)'이란 모름지기 '사물을 연구하고[格物]', '앎을 이루고[致知]', '뜻을 정성되게 하고[誠意]', '마음을 바르게 하는[正心]' 과정을 통해 완성되는 것임을 밝히고 있다.

군자의 지극한 선함에 머무는 방법이란 무엇인가

유학은 과거의 태평성대를 누리게 했던 성인과 군자들이 실천한 윤리의 내용과 방법을 재음미하는 과정을 통해 형성된다. 이러한 유학의 특징은 "옛것을 서술할 뿐 새롭게 창작하지 않으며 옛것을 믿고 좋아하길 가만히 나의 노팽(老彭, 과거 은나라의 현자)에 견주고자 한다"라는 공자의 단적인 언표를 통해서도 확인된다. 유가 사상의 핵심은 과거 요·순·우·탕·문·무·주공으로 이어지는 고대 성인들의 삶의 자취를 본받는 데에 있다. 유가의 전적에서 과거 성인으로 추앙받던 이들에 대한 그리움과 찬양은 절대적인 위치를 차지한다.

『대학』이 지향하는 최고의 목표는 '지어지선(止於至善)'에 있다. 이는 최고의 선의 경지에서 계속 머무름을 뜻한다. 그것은 밝은 덕을 밝히는 수양과 백성들을 새롭게 한다는 정치가 이상적으로 실현되어 그 결과물로써 얻는 것이다. 『대학』은 '앞선 왕을 잊지 못하여[前王不忘]' 과거 성인의 전적에 의지하며 자신의 학설을 펼치는 유학 특유의 방식을 취한다. 즉『대학』은 과거 성인들이 삶 속에서 실천한 사례들에 비추어 최고의 선에 머무는 방법을 설명한다.

예컨대『대학』은 위나라 무공(武公)의 덕망을 찬송한『시경』의 노래 한 편을 예로 들면서, 최고의 선에 머무는 경지란 바로 가지런하고 반듯한 자세의 '절차(切磋)'하는 배움[道學]과 정밀하고 섬세한 자세의 '탁마(琢磨)'하는 자기 수양을 통해 가능한 것이라고 말한다. 이것은 항상 배움과 수양의 자세를 견지할 때만이 비로소 지선에 머무를 수 있음을 밝힌 것으로써 '지식의 배양'과 '도덕 실천'의 병행을 강조한 것이다.

또한『대학』은 주나라를 건국한 무왕의 아버지인 문왕을 칭송하는 노래를 예로 들면서 최고의 선에 머무는 경지를 설명한다. 문왕은 자신의 큰아들인 백읍고가 상나라 주왕에게 피살되었으나 당시 주왕을 죽일 힘이 충분히 있었음에도 신하의 예를 다하며 주왕에게 직접 복수하지 않은 인물이다.『대학』에서 추구한 최고의 선에 머무는 경지란 바로 문왕이 군주의 위치에서는 '어짊[仁]'에 머무르고, 신하의 위치에서는 '공경함[敬]'에 머무르고, 자식의 위치에서는 '효도[孝]'에 머무르고, 아버지의 위치에서는 '자애[慈]'에 머무르고, 백성들과는 '믿음[信]'으로 교류하는 것이다. '어짊', '공경함', '효도', '자애', '믿음'의 다섯 가지 덕목은 『대학』이 밝힌 모든 인간관계에서 포괄되는 도덕 실천의 명제라 할 수 있다. 이것은 공자가 주장한 "군주는 군주답고, 신하는 신하답고, 아버지는 아버지답고, 자식은 자식다워야 한다"라는 정명(正名) 의식을 재차 천명한 것이다. 평천하의 상태가 지속하는 방법은 자신의 위치를 망각하지 않고 각자 자신의 위상에 맞는 역할을 하는 데에 있다는 것이다.

이처럼 『대학』의 '지극히 선함에 머무른다'는 이상향은, 유가의 옛것을 숭상하는 상고주의(尙古主義), 그리고 이러한 의식에 기인한 옛 성왕들을 기리는 선왕(先王) 관념, 배움을 중시하는 인문주의, 각자의 위상에 맞는 직분 수행을 강조한 정명의 정치·윤리의식 등이 유기적인 관계를 형성하며 발휘될 때 도달하는 경지라 할 수 있다.

하늘과 인간은 어떻게 소통하는가

도덕의식으로 무장한 위정자들만이 춘추전국시대의 혼란을 잠재울 수 있다는 유학의 신념은 확고하다. 그렇다면 정치가들의 도덕 수양의 완성을 가늠하는 지표는 무엇이었을까?

그것은 바로, 이미 도덕 의지로 충만한 하늘과 소통하는 것이다. 유학에서 밝힌 정치가의 소명이란 바로 하늘의 의지에 부합한 정치의 실현이다.

그런데 동양의 '하늘' 관념은 매우 다양한 의미로 사용된다. 예컨대 하늘이 지니는 의미는, 그러하다거나 저절로 그러하다는 의미를 지닌 '자연스러움', 새가 놀고 물고기가 헤엄치는 '자연 공간', 비 등을 내려주는 '자연 현상', 인간사에 관여하여 끊임없이 훈시하고 경계시키는 의지를 지닌 '공경의 대상', '인간에게 덕을 부여하는 주체이자 명령을 내리는 존재', 인간의 '기도의 대상' 등 다양하다. 그렇다면 『중용』에서 의미하는 하늘이란 무엇일까? 『중용』은 첫머리를 "하늘이 명한 것을 성(性)이라 말하고, 성을 따르는 것을 도(道)라 말하며, 도를 닦는 것을 교(敎)라 말한다"라고 시작한다. 공자는 "하늘이 내게 덕을 주었다"라고 하며 인간인 나에게 덕을 준 근원이 하늘임을 지목함으로써 하늘과 인간이 소통할 수 있는 전기를 만들었고 이러한 관념은 『중용』에 그대로 계승된다.

『중용』은 인간이 날 때부터 지니는 바탕(성)이란 하늘에 의한 것이라고 규정한다. 인간의 기본 성품은 하늘로부터 부여받은 것이기 때문에 천성과 인성은 소통할 수 있다. 『중용』이 밝힌 군자의 인간상은 바로 하늘로부터 물려받은 본연의 성품을

천명 사상

과거 중국 역사에서 주나라는 '하늘'의 존재를 통치 이념의 절대적 중심 개념(천명 사상)으로 이용한다. 주나라 바로 이전 왕조인 은나라 시대에는 사람들이 점을 통해 조상신이나 지상신에게 기후, 재앙, 농작물의 풍흉, 전쟁 등의 성패를 물었으며 그 당시 '하늘'은 주술적 권위만을 지녔다. 즉, '하늘'은 하나의 신령으로 그것이 보증하는 것은 무조건 믿고 그 허물을 탓하지도 않는다. 이후 은나라를 정복한 주나라 사람들은 자신들의 행동이 '하늘의 뜻(天命)'에 의한 것이었다고 말한다. 주나라에 이르러 하늘은 사람들에게 길흉화복은 물론 국가의 운명도 좌지우지하는 권위가 부여된다. 주나라가 들어서면서 '하늘'은 종교적 의미뿐만 아니라 정치적 의미로 이해된다. 이후 '하늘'은 두렵고도 총명한 존재이자 보고 듣는 능력뿐만 아니라 의지를 지닌 인격적 존재로 표현된다. '하늘'은 인간처럼 현실적인 욕구와 의지를 지닌 존재이기 때문에 인간들의 행위를 보고 듣고 판단해 자신의 의지를 풍년, 흉년 등의 자연현상을 통해 나타내기도 한다. 이렇게 하늘의 의지를 표현하는 것을 우리는 '천명'이라고 한다. 그런데 이러한 '천명'은 덕이 있는 사람에게 가는 것이므로 '천명'을 유지하기 위해서는 통치자는 도덕적으로 수양을 쌓아야 하며, '천명'을 잃으면 자기 권력의 정당성까지도 잃게 된다. 따라서 천하를 다스리는 사람을 하늘의 의지를 받들었다 해서 중국에서는 '천자'라고 표현한다. 그러나 시간이 지나면서 주나라의 천자의 정치는 힘을 잃고 세상이 혼란하게 되자 사람들은 '하늘'의 신뢰를 의심하기 시작했고 춘추전국시대의 사상가들은 다양하게 '천'의 의미를 재해석했다.

그대로 보존해 기르는 인물을 가리킨다. 공자의 사상은 인간의 현실적인 윤리실천을 강조하며 하늘과 인간의 관계를 분리해 사고하려는 내용과 과거의 천명(天命) 사상을 계승하는 내용이 혼재된 과도기적인 성격을 지녔다. 그런데『중용』에 이르러 '하늘'은 인간의 본성을 부여하는 절대적인 주체로 정의된다.

즉 『중용』의 핵심은 바로 인간이 마땅히 따라야 할 길(도)은 도덕성의 회복이고, 도의 큰 근원이 하늘(또는 우주 자연의 원리)에서 나왔음을 밝힌 데에 있다.

"대학의 도가 하늘이 부여한 밝은 덕[明德]을 밝히는[明] 것에 있다"라는 내용으로 『대학』이 시작하듯이, 『중용』 또한 인간의 도덕적 본성을 부여한 주체는 하늘이며 하늘이 바로 덕의 근원임을 밝히면서 논의를 시작한다.

『중용』의 모든 내용은 일관되게 인간이 도덕실천을 통해 도덕의 근원인 '하늘'과 하나가 될 것을 강조한다. 즉 덕의 근원인 하늘은 인간에게 본성인 '성(性)'을 부여하고 인간은 마땅히 그 도덕적 본성을 밝히는 소명을 지닌 존재이므로 이러한 길을 성실하게 가도록 지도하는 것이 바로 가르침이란 것이다. 인간의 삶이란 이러한 도에서 잠시라도 벗어날 수 없는 것이기 때문에 언제 어디서나 크고 작은 일을 불문하고 따라야 한다. 『중용』의 '가르침[敎]'이란 이 도를 인간 생활의 크고 작은 일들 속에서 하나하나 구체화하며 인간들이 저마다 실천하도록 계발하는 것을 의미한다.

『대학』과 『중용』의 탄생 배경과 문헌의 성격

『대학』과 『중용』은 어떻게 탄생하게 되었나

춘추전국시대는 제후들만 그 힘을 겨루었던 것이 아니라 병가, 유가, 도가, 묵가, 법가 등의 다양한 학파들이 출현해 활발하게 활동한 고감도 철학의 시대다. 아마 이 시대는 동양사에서 처음이자 마지막으로 이념을 달리한 다양한 학파의 사상들이 공존하며 존중되던 시대였다고 할 수 있다. 이 시대는 결국 법가의 법치주의로 무장한 진(秦)나라 왕 영정(嬴政)이 먼 나라와는 친교하고 가까운 나라부터 공격하는 '원교근공(遠交近攻)'의 책략을 써서 인접한 한나라를 시작으로 조나라, 위나라, 초나라, 연나라 그리고 기원전 221년에 마지막 남은 제나라까지 차례로 멸망시킴으로써 막을 내렸다.

진나라 왕 영정은 '분서갱유(焚書坑儒)'을 통해 사상통일을 도모하고 자신의 제국이 영원하길 바라면서 진 제국 최초의 황제라는 의미로 스스로를 시황제(始皇帝)라 칭했다. 그러나 진나라는 2대 황제인 호해(胡亥)에 이르러 그의 무능함과 환관 조고의 농간으로 급격하게 쇠락했다. 결국 진나라는 진승과 오광의 거병을 시작으로 항우(項羽, 기원전 232~202)와 유방(劉邦, 기원전 256~195) 등이 거병하면서 20년을 유지하지 못하고 패망했다. 서초패왕(西楚霸王) 항우와 한왕(漢) 유방의 싸움은 5년간 지속되었는데 결국 항우가 유방에게 패하여 오강(烏江) 가에서 자살함으로써 기원전 202년 유방의 한(漢) 왕조가 세워졌다.

한 왕조가 들어서면서 진시황의 '분서갱유'로 사라진 과거 문헌들을 복원하는 작업이 매우 왕성하게 진행됐다. 한나라 시대에는 과거의 문헌 자료를 정리하는 수많은 경학토론회가 열렸다. 학자들은 유가 경전을 종류별로 전담해 정리하는 가운데 입으로 전해지던 경전의 내용과 문자들을 당시의 문자로 바꿔서 정리 편찬했다. 이 과정에서 『대학』과 『중용』은 각각 『예기』

중국을 최초로 통일한 진나라 시황제.

의 42번째와 31번째로 편입되어 정리됐다.

　『대학』과 『중용』이 속했던 『예기』에 대한 최초의 역사 기록은 동한 시대 정현(鄭玄, 127~200)이 저술한 『육예론(六藝論)』에 나온다. 정현은 "지금 세상에서 행해지고 있는 예는 (서한 시대의) 대덕과 대성의 학(學)이다. (……) 대성은 예 49편을 전했으니 곧 『예기』이다"라고 말했다. '전했다는' 표현을 통해서 알 수 있듯이 『예기』는 대성(戴聖)이 창작한 것이 아니라 과거의 많은 예에

분서갱유

이 사건의 발단은 군현제의 실행을 주장한 진시황과 봉건제의 부활을 주장한 유생들의 주장이 팽팽하게 맞서면서 비롯한다. 둘 사이에 의견이 팽팽하게 맞서자 진시황은 이 문제를 조정의 공론에 붙인다. 이 논쟁에서 옛것을 들어 현재를 비판하는 일은 인심을 현혹하는 것이니 엄하게 다스려야 함을 주장한 승상 이사의 주장이 채택되면서, 진나라 역사서와 실생활에 도움을 주는 실용 서적을 제외한 모든 사상서를 없애게 된다. 이후 유가의 저작을 비롯한 사상서들은 도서관에 사본한 부씩만을 보관하고 나머지는 모두 불태우고(분서) 백성들이 수장하지 못하도록 했다. 그 이듬해 진시황에게 불로장생의 약을 구한다고 속인 방사들과 진의 정치를 비방한 유생들이 함양으로 도망가는 사건이 발생한다. 진시황은 그들 460여 명을 함양에서 붙잡아 구덩이에 매장(갱유)한다. 역사에서는 이 두 사건을 일컬어 '분서갱유'라고 한다.

관한 기록을 간결하게 정리해서 편찬한 것이다.

『예기』는 일정한 목적 없이 과거 '예'에 관련된 사회 제도나 습속, 정치, 학술 이론 등 다종다양한 기록들을 모아놓은 문헌이다. 중국 고대 사회에서 '예'란 국가의 통치 제도를 비롯해 윤리, 문화, 군사, 예술 등 전 영역에 걸쳐 다양하게 적용되는 개념으로, 『예기』는 고대 문화의 기록을 종합한 편집본 성격의 문헌이다. 즉, 한나라 시대에 『대학』과 『중용』은 이러한 『예기』의 한 편으로 정리되어 역사에 다시 등장한 것이다.

현재 우리는 『대학』과 『중용』을 각각 한 권의 독립된 유가의 경서로 접한다. 유학의 대표적인 경전을 가리켜 '사서삼경',

책을 불태우고 학자를 불태우는 장면. 18세기 익명의 화가 그림.

'사서오경', 혹은 '사서육경'이라고 지칭한다. '사서'는 통상 읽는 순서대로 나열하면 『대학』『논어』『맹자』『중용』을 말하고, '삼경'은 『시경』『서경』『역경』을 가리킨다. 여기에 『예기』『춘추』가 더해지면 '오경'이라 하고, 여기에 다시 『악경』을 더해 유가의 '육경'이라 지칭한다. 『대학』과 『중용』은 원래 『예기』에 소속되어 있는 하나의 편이었지만 이후 독립된 문헌으로 유행하면서 '사서'의 하나로 불린다.

훈고학

한나라의 역사서인 『한서』에 의하면, 기원전 136년 한나라 무제 때 동중서(董仲舒, 기원전 179~104)가 건의해 '태상'에 속하는 '오경박사'라는 관직을 두어 경서를 전문적으로 연구하게 했다고 전한다. 서한[前漢] 시대의 경우, 공자가 남긴 미묘한 말 속에 숨겨진 중요한 뜻[微言大義]을 세밀하게 밝힌다는 의미를 계승해 경전에 상세한 주석과 해석을 덧붙이는 유학이 유행했다. 반면, 동한[後漢] 시대에는 학자 개인의 자의적 해석보다는 고증을 통해 흩어진 고대 사료를 체계적으로 정리하는 유학이 유행했는데 이 두 가지 유학의 학풍을 가리켜 훈고학이라 한다.

『중용』은 이미 한나라 시대에 『예기』에서 분리되어 한 권의 단행본으로 유행했지만, 『대학』의 경우 『예기』의 통론 형식으로 다루어지다가 북송 시대에 이르러 사마광(司馬光, 1019~1086)이 『대학광의(大學廣義)』라는 책을 저술하면서 한 권의 단행본으로 독립한다. 또한 동시대에 활동한 정호(程顥, 1032~1085)와 정이(程頤, 1033~1107) 형제가 이 두 권의 문헌을 『논어』 『맹자』와 함께 네 권의 경전이라는 의미의 '사서'로 지칭함으로써 『대학』과 『중용』은 완전하게 하나의 독립된 유교 경전의 지위를 누린다. 이후 남송 시대 주희(朱熹, 1130~1200)는 『사서집주(四書集註)』를 편찬해서 유교 경전으로서 두 문헌의 위상을 더욱 높인다.

『대학』과 『중용』은 누가 지었나

현재 『대학』과 『중용』 두 책을 누가 지었는지와 유래에 대해서는 정확히 알 수 없다.

우선 『대학』의 경우를 살펴보면 한나라 시대 『예기』를 주석한 정현도 지은이에 대해서 직접 언급하지 않는다. 그동안 학자들은 『대학』의 저자를 공자가 안연(顏淵, 안회) 다음으로 사랑하는 제자인 증자(曾子, 증삼)라고 추정했다.

주희는 『대학』을 공자의 가르침과 그에 대한 증자의 해설이 담겨 있는 책이라고 했다. 주희는, 주나라가 쇠퇴하자 학교의 정책과 교육문화 또한 쇠퇴했고 공자가 그 내용을 후세에 전하는데 제자 중 증자만이 그 의미를 밝혔으며, 이후 맹자가 증자를 계승하고 맹자가 죽고 난 후에는 그의 책만이 남는데 이것이 바로 『대학』이라고 주장했다.

그리고 『중용』의 지은이에 대한 기록은 전한 시대 사마천(司馬遷, 기원전 145~86)의 『사기』에 보인다. 『사기』의 「공자세가」에서는 공자의 손자인 자사(子思, 기원전 483?~402?)가 『중용』을 지었다고 기록하고 있다. 정현 또한 "공자의 손자인 자사가 이를 지어 성스러운 조상의 덕을 밝혔다"라고 기록했고, 주희는 자사가 공자가 말한 도의 학문이 후대에 전해지지 못할까 걱정하여 지은 것이라고 말했다. 즉, 공자가 계승한 도통(道統)을 증자가 이어받고 다시 공자의 손자이자 증자의 제자인 자사가 도통을 잃을까 두려워하여 그 뜻을 다시 연역해서 이 책을 지어 후세의 배우는 자들을 가르쳤다고 한다. 또한 당나라 시대의 유학자인 이고(李翶)는 "자사는 공자의 손자인데 그 조부의 도를 얻고 『중용』 47편을 지어 맹자에게 전했다. (……) 진나라의 분서갱유를 만나 『중용』의 한 편만이 불타지 않고 남게 되므로 이 도(道)는 폐하게 되었다"라고 전했다.

그러나 『대학』과 『중용』에 대한 이러한 주장들은 단지 전해지는 사상가의 학술 성향과 특징의 유사성을 고려해 추정한 것일 뿐이고 두 책의 지은이에 대해서 현재 명확하게 알 수 없는 상태다.

『대학』, 유학의 교육과 정치 매뉴얼

주희가 『대학』의 기원을 추측하여 쓴 머리말의 첫 문장은 "『대학』은 옛날 태학에서 사람들을 가르치던 책이다"라는 내용이다. 중국의 태학은 조선 시대의 성균관과 같이 국가에서 세우고 운영한 최고 교육기관으로, 소학 과정을 마친 젊은이들이 입학해서 교육을 받던 곳이다. 그러나 공부를 잘한다고 해서 누구나 태학에 들어갈 수 있는 것은 아니었다. 태학은 주로 왕이나 고위 관료, 그리고 보통 선비의 자식들 가운데서 특출하게 뛰어난 사람들만 입학할 수 있는 엘리트 교육기관이었다. 즉 다음 시대의 통치자를 키워내는 역할을 한 곳이다. 주희는 『대학』이 바로 이런 사람들을 대상으로 자기 수양의 방법과 정치가의 덕목을 가르친 교과서라는 점을 말한 것이다.

유가 정치철학의 핵심은 앞서 살펴보았듯이 '개인의 도덕적 수양을 통해 남들을 지도하는 훌륭한 통치자가 된다'는 데에 있다. 즉 남들을 다스리기에 앞서 자기 수양부터 철저히 해야 한다는 것이다. 『대학』의 총론은 서두에서 바로 다음과 같은 한 문장으로 간단명료하게 제시한다.

> 『대학』의 도는 밝은 덕을 밝히는 데 있고, 백성을 새롭게 하는 데 있으며, 지극히 선함에 머무는 데 있다.

여기서 '밝은 덕을 밝히는 것[明明德]', '백성을 새롭게 하는 것[新民]', '지극히 선함에 머무는 것[止於至善]', 이 세 가지를 '대학의 3강령'이라고 한다. 이처럼 개인의 도덕적 완성과 이상적인 정치의 관계를 주제로 삼아 간단명료하게 그 내용과 실현 과정을 밝히기 때문에, 『대학』을 유학의 교육과 정치 매뉴얼이라고 말하는 것이다.

『대학』은 3강령에 이어 그것을 실현해나가는 과정을 8단계로 제시하고 있는데 이것을 '8조목'이라고 부른다.

> 사물을 연구하고(격물), 앎을 이루고(치지), 뜻을 정성되게 하고(성의), 마음을 바르게 하는(정심) 과정을 통해 자신을 수양하고, 완성된 자신의 수양(수신)을 토대로 다시 가문을 평안하게 하고(제가), 나라를 다스리고(치국), 나아가 천하를 화평하게 한다(평천하).

『대학』의 3강령과 8조목은 수신의 내용을 확장해 가문과 나라를 다스린다는 유가 정치철학의 대의를 보여준다. '자기 자신의 타고난 생물학적 욕구를 도덕 수양을 통해 극복하고 사회질서를 회복하는 것[克己復禮]이 인(仁)을 실행하는 것'이라고 주장한 공자로부터 비롯한 이러한 사유와 논리 구조는 이후 모든 유학 이론을 관통한다. 그런데 『대학』만큼 유가의 전통적 정치철학의 요점을 총론에서 명시한 후, 그것의 실현 과정을 간단명료하게 서술한 문헌은 없다.

주희는 『대학』을 총론 3강령과 각론에 해당하는 8조목으로 나누어 설명한다. 8번째 '평천하' 조목은 앞의 7조목이 완성된 결과로 출현하는 상태를 의미하며 그것은 바로 공자가 말한 인(仁)이 실행된 상태이다.

즉, '자신의 밝은 덕을 밝힌다(명명덕)'라는 첫 번째 강령은 공자가 말한 '극기'에 해당하고 '백성을 새롭게 한다(신민)'라는 두 번째 강령은 공자가 말한 '복례'에 해당하며, 이 두 강령이 조화롭게 완성되어 그 결과 인간 삶이 최적의 상태에 이르는 '지극히 선함에 머무르는(지어지선)' 상태에 도달하는 것이다.

『중용』, 끊임없이 성찰하는 군자의 셀프카메라

『대학』이 교육과 정치에 관한 지침서라면, 현재 총 33장으로 통용되는 『중용』은 수신의 내용을 형이상학적으로 더 깊이 있게 다룬 윤리 철학서라고 할 수 있다. 『중용』 사상의 핵심은 '하늘의 도(천도)'와 '인간의 도(인도)'를 서로 소통시키는 데 있다.

『중용』의 '하늘'은 인간에게 생명과 삶의 원리를 부여하는 존재이다. 하늘이 부여하는 그 삶의 원리가 바로 인간이 타고나는 성품이고 하늘에게서 부여받은 이 성품은 인간이 도덕을 실천할 수 있는 씨앗이 된다.

『중용』에서 하늘은 완전무결하여 최고의 권위를 가진 이상적인 모델로 제시되고, 또한 인간은 이와 같은 하늘을 본받기 위해 정성을 다해 노력하는 존재로 정의된다.

참된 것은 하늘의 도이고, 참되려고 노력하는 것은 인간의 도이다.

또한, 『중용』에서는 진정한 군자를 '자기 자신을 하늘에 비추어 수양하는 정성을 잠시라도 게을리하지 않는 사람'이라고 정의한다.

도라는 것은 잠시도 떠날 수 없는 것으로, 떠날 수 있으면 도가 아니다.

이처럼 『중용』의 핵심 주제는 하늘이 부여한 인간 본성을 본래대로 회복하는 것이다. 왜냐하면 하늘이 부여한 본성에는 만물의 이치가 담겨 있기에 그 본성을 온전하게 회복할 때 비로소 만물의 이치를 깨달을 수 있기 때문이다.

그러면 사람의 본성을 회복하려는 도덕적인 실천 사항의 핵심은 무엇일까? 그것은 바로 책 이름으로도 쓰이는 '중용(中庸)'

이다. '중용'은 '정성됨[誠]'의 다른 표현이자, 또한 '정성됨'을 통해 달성해야 할 목표이기도 하다.

주희는 '중용'이라는 말에 대해서 다음과 같이 풀이한다.

> 중은 편벽되지 않고 치우치지 않으며, 지나치지도 못 미치지도 않는 것의 이름이요, 용은 평상함이다.

'중용'은 유학에서 말하는 최고의 도덕 표준인데, 치우치지도 않고 기울지도 않으며 지나침도 없고 모자람도 없이 일을 처리하는 태도를 말한다. '중용'은 우주 자연의 법칙인 '하늘의 도'와 그것을 본받아 도덕적 이상 사회를 이루려고 애쓰는 '인간의 도'를 서로 통하게 하는 '마음의 법[心法]'이며, 그 본질은 '정성됨'이다. 이 점에서 『중용』은 형이상학적 성격을 지닌 유학 문헌이라고 할 수 있다.

'정성됨'은 바로 하늘의 도 자체이며, 이와 합치하기 위해 '정성되고자 하는' 인간의 도가 서로 소통함으로써 유학의 윤리적 정치 이상이 완성된다. 다시 말해 '정성됨'을 매개로 나와 세계가 적절한 균형을 이루며, 이러한 균형을 완전하게 이룬 인물이 바로 유학에서 이상적 인간상으로 묘사하는 진정한 군자이다.

천명의 성쇠와 유학의 영욕

천명이 쇠락하고 유학이 수난을 겪다

제후들이 패권 경쟁에 열을 올리던 춘추전국시대에 위정자들에게 사욕을 억제하고 과거 주나라의 문화와 제도를 본받으라고 역설한 유학의 보수적인 주장은 제후를 비롯해 여타 사상가들에게 많은 수모와 도전을 받았다.

예컨대 공자가 활동하던 춘추시대 후기는 전쟁이 난무한 매우 혼란한 시대였다. 공자는 늦은 나이인 51세 때 노나라에서 벼슬길에 올랐지만 몇 년 뒤 56세 때 벼슬을 잃고 노나라를 떠났다. 공자는 천하를 주유하며 제후들에게 '인(仁)'의 도덕 정치를 권유했지만 어떠한 제후도 그의 말은 실현 가능성이 없다고 생각해 공자의 주장을 수용하지 않았다. 자신의 모국인 노나라를 떠나 공자는 13년간 천하를 떠돌며 인의 정치를 주장했지만 결국 쓰임을 받지 못했고, 그의 나이 68세 때 노나라로 돌아와 교육과 저술 작업에 몰두하다가 생을 마감했다.

『사기』「공자세가」에서는 공자가 또 다른 벼슬길을 찾아 천하를 주유하는 길이 매우 어려웠던 상황을 묘사하고 있다. 공자가 노나라를 떠나 조나라, 송나라에서 쓰임을 받지 못하고 다시 정나라 땅에 이르렀을 때 도중에 제자들과 길이 어긋났다. 제자들이 공자를 찾아나섰고 이 사람 저 사람에게 수소문하고 다니던 중 어떤 사람이 동문 밖에서 마치 초상집 개와 같은 모습을 한 사람을 보았다고 말했다. 공자는 여러 나라를 돌아다니며 벼슬길을 구하고자 했지만 결국 제후들과 뜻이 맞지 않아 쓰임을 받지 못하며 고난의 길을 걸었다. 『사기』는 당시 공자의 처지가 바로 주인이 없어서 여기저기 돌아다니며 먹이를 찾는 초상집 개와 같은 신세였음을 묘사한 것이다.

공자는 천하를 떠돌며 천하의 패권을 쥐고자 부국강병에 관심이 있었던 제후들에게 팽창하려는 사욕을 거두고 옛 제도와 문화를 숭상하는 것이 치국의 도리임을 역설했다. 공자의 "주나라의 제도와 문물을 따르겠다[吾從周]"라는 믿음과 사명은 확고했다.

이러한 믿음과 사명 의식은 공자의 사적과 언행을 기록한 『논어』 「자한」에 나오는 말을 통해 확인할 수 있다. 즉, 공자 나이 56세 때 그는 광(匡) 땅에서 폭동을 일으킨 양호와 생김새가 비슷하다는 이유로 오인을 받아 5일 동안 포위당해 죽을 위험에 처했다. 그 상황에서도 공자는 "문왕(文王)은 이미 세상을 떠났으나 그가 만든 제도와 문물을 자신이 계승했으니 하늘이 이 제도와 문물을 아직 없애려 하지 않는다면 광 땅의 사람들이 자신을 어떻게 하지 못할 것"이라 하며 의연하게 대처한다. '하늘이 주나라의 제도와 문물을 보존하고자 한다면 사는 것이요 그렇지 않다면 죽는다'는 공자의 신념이 확고했음을 보여준다.

춘추 말기에 활동한 공자의 뒤를 이어 전국시대에 천하를 주유하며 유가의 인의 정치를 주장한 인물은 맹자(孟軻, 기원전 372?~289?)이다. 공자를 유학의 성인(聖人)이라고 부른다면 맹자는 공자의 다음가는 성인이라는 의미에서 유학의 아성(亞聖)으로 부른다. 그에 앞서 공자의 사상을 후세에 널리 전한 인물은 증자(曾子)와 자궁(子弓)이라고 전해진다. 증자는 공자의 손자인 자사(子思)를 가르쳤고 자사의 문인이 다시 맹자를 가르쳤으니, 증자의 가르침은 맹자로 이어졌고 자궁의 가르침은 순자로 이어졌다. 증자와 자사의 작품으로 추정되는 『대학』과 『중용』의 가르침은 공자의 사상이 맹자로 이어지는 징검다리 역할을 한다.

맹자는 공자의 학문을 배우고 알리는 것을 자신의 평생 소원으로 삼았다. 맹자는 스승인 공자의 도가 후세에 전해지지 않을 것을 매우 걱정한 인물이다. 맹자는 평생 천하를 돌아다니며 제후들에게 인의의 정치를 유세했지만 그들의 마음을 얻지 못해 관직에 나아가서 자신의 정치적 포부를 실현할 기회를 한 번도 얻지 못했다.

맹자는 하늘의 권위를 빌려 '인'의 실천을 강조한다. 맹자의 유학은 현실주의적 색채가 강한 공자의 유학보다는 형이상학적 색채가 짙다. 맹자는 하늘의 권위와 인간의 삶을 결부하며 하늘로부터 부여받은 인간 본성의 선한 도덕심을 지키자는 '성선설'을 주장한다. 『논어』에는 '인간 본성'을 의미하는 '성(性)'에 대한 언급은 거의 없다. 단지 "인간의 본성은 서로 가까우나 습관에 의해 서로 멀어진다"라는 정도의 언급이 있을 뿐이었다. 그런데 맹자는 "자기의 본성을 알면 하늘을 알 수 있다"라고 하며 인간 본성의 회복을 통해 하늘과 소통할 것을 강조한다. 그의 성선설에 의하면 인간의 본성은 하늘로부터 부여받은 것이며, 인 · 의 · 충 · 신 등의 덕목들도 모두 하늘이 부여한 것이다.

공자와 마찬가지로 맹자의 사고 속에서도 '유덕자(有德者)'는 하늘이 내린다는 신념이 확고했다. 맹자는 하늘과 인간사는 서로 결부된 것이므로 '하늘은 덕을 지닌 자'인 '유덕자'를 천자로 부여한다고 하며 덕이 없는 군주는 천명을 받지 못한 존재이므로 교체되어도 마땅하다는 역성(易姓) 혁명론을 주장했다.

맹자는 공자의 덕치주의가 하늘의 의지에 부합하는 것이라 주장한 한편, 성인이 500년마다 출현한다는 일종의 순환론적 역사관을 통해 공자의 정당성을 증명했다. 그에 의하면 요 · 순부터 500년 정도의 시간이 지나 은의 탕왕이 나오고, 탕왕으로부터 500년 정도의 시간이 지나 주나라의 문왕, 무왕이 나왔으며 이들로부터 500년쯤 지나 공자가 나와서 선왕(先王)의 도(道)를 전했다고 한다. 맹자 자신은 공자 사후 100여 년밖에 지나지 않았기 때문에 공자의 도를 후세에 전할 막중한 임무가 있다고 생각했다.

전국시대 제후들의 주요 관심사는, 1년에 평균 2회 이상 전쟁이 발생하던 당시 시대 상황에서 자신들이 살아남기 위해 변법운동을 성공적으로 이끌어 부국강병을 달성하는 데에 있었다. 이러한 제후들의 귀에는 과거의 지나간 성왕들의 일을 회상하거나 이미 명을 다한 과거 주나라의 통치 이념인 천명사상을 회복하자는 유가의 주장은 전혀 현실성이 없는 공허한 외침으로만 들렸을 뿐이다. 공자와 맹자는 둘 다 제후의 부름을 받기 위해 천하를 떠돌며 유세했지만 결국 쓰임을 받지 못한 이유도, 그들이 주장하는 것이 부국강병을 원하는 제후들의 생각과는 너무 동떨어진 것이기 때문이었다. 즉 서로가 당시 사회정치적 혼란의 원인을 파악하는 관점이 달랐고, 서로가 지향하는 사회정치적 세계관도 현저하게 달랐기 때문이다.

제후들의 냉대 속에서 자신의 정치적 포부를 펼칠 기회를 얻지 못했지만 앞선 성현들의 예악 제도와 문물을 계승하고 보존하려는 공자의 노력은 공자의 도를 후세에 전하는 것이 하늘의 뜻을 부여받은 자신들의 소명이라고 여긴 후학들의 사명감 속에서 계승된다.

『대학』에서는 공자가 옛 선왕을 그리워하듯이 『시경』의 탕왕과 문왕, 무왕 등 과거 선왕들의 인품을 찬송하는 내용을 통해 3강령의 의미를 밝히고 있다. 또한 『중용』에서도 왕업과 예악 제도의 기틀을 다진 선왕들의 업적과 자취를 통해 하늘과 인간의 관계를 밝히면서 하늘의 덕에 도달할 것을 주장한다.

공자는 '천명을 알지 못하면 군자라 할 수 없다'라고 했다.

『대학』과『중용』의 가르침을 받은 맹자 또한 아무도 막을 수 없는[莫之能御] 필연적인 것이 바로 천명이라 하며 천하의 왕자는 하늘이 결정하는 것이라 했다. 이러한 천명에 대한 믿음은 유학의 시조인 공자로부터 증자와 자사를 거쳐 맹자에 이르기까지 확고했다.

천명의 부활과 유학의 정치적 도약

춘추전국시대 약 500여 년간의 사회정치적 혼란은 법가의 법치주의를 표방하며 변법운동을 가장 성공적으로 진행한 진나라에 의해 종식됐다. 그러나 진나라는 20년을 넘기지 못하고 유방에 의해 무너졌다.

유방은 한나라를 건국한 후 정치체제와 행정조직은 이전 진나라 시대의 법치국가 체제를 그대로 계승했다. 그리고 문화예술 면에서는 초나라의 서정적 기풍이 여전히 한나라 왕실을 지배하고 있었다. 중국 남방 지역에 속한 초나라의 문화는 실천적 도덕 규범으로 무장한 북방의 이성적인 유교 문화와는 달리, 무술과 신화, 원시적 생명력으로 충만한 도교 문화의 기풍을 지녔다.

한나라가 건국되자 상부의 정치계급은, 진나라의 만리장성과 아방궁 등의 대규모 토목공사부터 유방과 항우의 대규모 전쟁에 이르기까지 이로 인해 피폐해진 백성들의 삶과 생활을 돌보고자 했다. 이 때문에 백성들의 삶에 지나치게 간섭하기보다는 휴식을 주는 황로학(黃老學)의 무위(無爲) 정치를 택한다.

한나라 제2대 황제인 혜제(惠帝)에 이르러 백성에게 휴식을 제공하고 백성에게 과도한 부담을 지우지 않는다는 정책은 효과를 거두기 시작했다. 반고의 『한서』「형법지」에서는 "혜제와 여후(呂后)시대(그의 어머니인 여후가 혜제를 대신해 당시 정치를 거의 전담했으므로 반고는 여후의 시대라는 표현을 쓴다)에 이르러 백성들은 비로소 고통을 면할 수 있어서 사람들은 어린이를 기르고 노인을 봉양하고자 했다. 소하와 조참이 재상으로 있으면서 무위로 다스리니 백성들이 하고자 하는 것을 따르고 그들을 번거롭게 하지 않았다. 그러므로 입고 먹는 것이 점차 풍성하게 되고 형벌이 드물게 쓰였다"라고 기록한다.

한나라 건국 초부터 꾸준하게 펼친 무위 정치의 성과가 절정에 이른 시기는 5대 황제인 문제(文帝)와 6대 황제인 경제(景帝)가 다스리는 문경지치(文景之治) 시대이다. 중국 역사서에서는 문경지치 시대를, 세금을 큰 폭으로 내려 백성들의 생활을 향상하고, 부역을 경감해 백성들에게 휴식을 줌으로써 태평을 구가

황로학

'황로(黃老)'라는 용어는 한나라 시대에 출현하는데 '황'은 '황제(黃帝)'를 '노'는 '노
자(老子)'를 지칭하는 것"(『논형』「자연」)이다. 황제와 노자는 서로 상반된 행적과 사
상을 지닌 존재다. 즉 황로학(黃老學)은 수많은 전쟁을 통해 천하를 제압한 전설
속의 '황제의 정치'와 자연의 원리에 벗어난 어떠한 인위도 부정한 '노자의 무위
사상'이 결합한 학문이다. 황로학은 진나라가 중국을 통일하기 전부터 유행했지
만, 제자백가 사상의 요체를 종합하는 학문상의 성격으로 인해 황로학을 어느 하
나의 학파에 소속시키기가 어렵다. 한나라 시대에 이르러 중앙의 권력이 지나치
게 백성들의 삶에 관여하지 말고 백성들에게 휴식을 주는 자유방임적이고 지방
분권적 성향의 무위 정치의 열풍이 강하게 불면서 황로학이란 명칭이 등장했다.

한 시대로 기록한다.

　그런데 제7대 황제인 한무제(漢武帝, 기원전 156~87)가 등극한
후 중앙집권체제를 공고히 하기 위해 '독존유술(獨尊儒術)'의 이
념을 채택했다. '독존유술'이란 '백가의 사상을 배척하고, 유가
의 사상만을 숭상한다[罷黜百家, 獨尊儒術]'라는 의미로 중앙집권을
위한 사상 통합의 성격이 강한 이념이다. 한나라 2대 혜제 4년
인 기원전 191년부터 진나라 때 제정된 '협서율(개인적으로 책의
소지를 금지한 법)'이 폐지됨에 따라 분서갱유로 인해 소실된 유
학 경전의 복원 · 정리 작업이 본격적으로 시작된다. 이후 한무
제 시대에 들어서는 흩어져 있던 유교 문헌을 대규모로 모으
는 정책을 시행함으로써 유교 문헌 연구는 더욱 활발해졌다.

공자부터 맹자에 이르기까지 유학자들은 현실 정치 무대에서 자신의 정치적 포부를 펼칠 기회를 얻지 못했고 주로 과거 전통문화를 보존하고 전수해주는 지식인의 역할을 했다. 그러나 한무제 시대에 이르러 유학은 단순히 과거 유교 경전을 그대로 복원하는 것이 아닌 당시 유행한 문화들을 흡수하면서 통일 국가의 통치 이념으로 변모한다. 이 과정에서 전통적으로 계승되어온 유학의 '천명' 관념은 절대적인 위상과 권위를 지니게 되고 더 다양한 내용과 방법으로 해석되기에 이른다.

예컨대 『대학』과 『중용』 모두 과거 성왕들의 뛰어난 인품과 업적을 찬송하는 『시경』의 시를 인용하면서 그들이 백성과 신하를 잘 돌보는 유덕자인 군자였기 때문에 천명을 받은 것이라고 거듭해서 천명한다. 즉 큰 덕을 이룬 사람만이 하늘로부터 천명을 받아서 천자의 자리에 오를 수 있고 하늘의 봉록을 받는 것이며 하늘의 보살핌을 받을 수 있다는 것을 밝히고자 한 것이다.

한나라 시대에 이르러 유학은 천명과 초자연적 현상과 황제의 권위와 위상 등을 연계하는 이론 작업을 통해 통치 이념으로 거듭난다. 당시 춘추공양학(春秋公羊學)의 대가였던 동중서(董仲舒, 기원전 176?~104)는 하늘이 인간사에 의지를 지니고 개입하며 하늘과 인간이 감응한다는 '천인감응(天人感應)' 이론을 제출한다. 여기서 '하늘'은 인간사의 주재자로 군림하며 인간사를 관장하는 존재로 상정된다. 천인감응 이론은 하늘의 뜻을 받드는 존재가 황제임을 정식화한다. 또 한편으로는 하늘은 인간사를 굽어보고 있는 존재이므로 군주에게 하늘의 의지를 잘 살펴서 하늘의 뜻을 어기는 정치를 하지 말아야 한다고 경계한다. 바야흐로 과거 제후들로부터 시대에 뒤처진 공허한 망상이라고 치부된 유학이 통일 국가의 통치 이념으로 기능하게 된 것이다.

한나라 시대의 통치 이념으로 기능한 동중서의 천인감응 이론은 『중용』의 "국가가 반드시 흥성하려면 반드시 상서로운 징조가 있고 국가가 장차 망하려면 반드시 흉한 징조가 있다"라는 사고를 계승한 것이다. 이러한 생각은 북송 시대의 성리학에 이르러 사람이 기뻐하는 것은 하늘도 기뻐하고 증오하는 것은 하늘도 반드시 증오한다는 사상으로 진일보한다. 북송 시대 성리학자인 장재(張載, 1020~1077)는 민중이 지향하는 것이 우주의 이치이고 우주의 이치 속에 천도가 들어 있다고 주장한다. 남송 시대 성리학에서는 우주의 이치에 부합하는 행위는 복을 받을 수 있고 우주의 이치를 거역하는 행위는 징벌을 받을 수 있다는 사상으로 전개된다.

하늘과 인간 사이에는 감동과 응답이 있다는 유학적 사고

・ Concept Word ・

공양학과 동중서의 천인감응

공양학이란 실제 역사적 사실보다는 도덕적 대의명분을 중시하는 학문이다. 도덕적 명분을 중시하는 '공양학'은 세상을 위와 아래, 정통과 이단 등으로 구분하고 사회의 위계질서를 바로세워야만 나라가 잘 다스려질 수 있다는 사고가 강한 학문이다. 동중서는 『춘추』에 나오는 '상서(祥瑞)'와 '재이(災異)'에 관한 역사적 기록들을 인용하며 천인감응 이론을 주장한다. '하늘이 상서를 보인다는 것'은 특이한 자연 현상을 보여주거나 특이한 동식물이 출현하는 것을 말하는 것으로 '하늘이 징조를 내보인다는 의미'이고 '재이'는 '지진 등을 비롯한 천재지변의 자연 현상'을 말한다. 간단하게 말해 동중서의 '상서'와 '재이'를 바탕으로 형성된 '천인감응' 이론은, 하늘과 인간이 서로 감응하는 관계이기 때문에 정치를 잘하는 군주에게 하늘은 상서를 내보이고 실정을 하는 군주에게 하늘은 재이를 보여서 경고한다는 것이다. 또한 그의 천인감응 학설은 당시 유행하던 '음양오행설'도 수용하여 세상 만물을 모두 음양오행의 규칙에 부합하게 위치시킨다. 만약 자연과 인간이 음양오행의 순환 운동에 따르면 평화로운 상태가 유지되지만, 거기에서 벗어나는 순간 세상은 혼란에 빠진다고 한다. 천인감응은 자연과 인간을 그대로 관통하는 기의 흐름을 통해 이루어지기 때문에, 통치자는 이러한 음양오행의 기의 순환 운동에 의해 정치를 해야만 국가의 안녕을 담보할 수 있다는 것이다.

가 한나라 시대의 통치 이념으로서 기능한 이후로 유교 문화는 중국 역사에서 뿌리를 깊게 내리며 사회, 정치, 문화 등 제 방면에서 지대한 영향력을 행사한다.

『대학』과 『중용』의 거듭나기와 마니아들

『대학』과 『중용』의 거듭나기

　유학은 과거 성왕들의 업적과 주나라의 제도와 문물을 본받을 것을 주장하면서, 한편으로 여타 학파의 이론을 자신의 이론으로 수용·보완하며 꾸준하게 역사적 생명력을 이어갔다. 중국 남송 시대에 이르러 주희는 성리학이라는 신유학을 창시한다. 신유학이란 이전 것과 다른 새로운 유학이라는 뜻이다. 무엇이 새로웠을까?

　이전의 유학은 철학적 사유보다는 사회, 정치, 윤리 등 현실적인 문제에 대한 실천 지침의 성격이 강했다. 다시 말해 "인간이라면 마땅히 이렇게 해야 한다"라는 당위의 논리가 강한 유학이다. 그러나 송나라 때에는 이미 이 같은 단순한 논리가 통하기 어려웠다. 꾸준히 발전해온 도가와 불교의 철학 이론들이 폭넓게 대중문화에 확산한 상태였고 사람들의 사유 수준을 한 단계 상승시켰기 때문이다.

'독존유술'을 통치 이념으로 삼은 한나라가 멸망한 후 중국 사회는 현학의 위·진 시대와 불교의 수·당 시대를 경유해서 신유학의 송나라 시대에 이른다. 송나라 시대에 주희를 대표로 새로운 유학을 추구한 학자들은 불교와 도가의 이론을 흡수하여 유학의 윤리를 우주론, 심성론으로 심화한 신유학(新儒學), 곧 성리학(性理學)을 탄생시킨다.

도가와 불가의 이론들을 수용한 신유학은 과거 유학에서 다루었던 사회, 정치, 윤리적 범주의 내용뿐만 아니라 우주의 이치와 심성의 문제들까지도 다루었다. 유학이 과거의 일상생활과 실제적인 윤리 실천 내용들을 형이상학적 색채까지 곁들여 해석하는 학문으로 변모한 것이다.

중국 역사에서 송나라 시대만큼이나 황제가 무능하고 관료 사회가 분열되어 간신과 충신의 이야기가 사람들 입에 오르던 시대도 일찍이 없었다. 이런 사회 상황에 직면해서 유학자들은

· Concept Word ·

위·진 현학

현학(玄學)은 『주역』 『노자』 『장자』 등의 '3현(玄)'을 기본 경전으로 삼는다. '현학'의 '현' 자는 『노자』 제1장의 "현묘하고 또 현묘하니(玄之又玄) 모든 미묘함의 관문(衆 妙之門)"이라는 말에서 유래한 것으로, '지극히 깊고 미묘하다'는 의미이다. 한나라 말기부터 중앙 정권이 힘을 잃고 무너지면서 각지의 문벌 사족들이 할거하는 혼 란한 시대를 맞는다. 한 무제 이후로 한나라의 기풍은 주로 선왕의 공덕을 찬양하 는 경학과 실용주의 문화가 발전했다면, 위진 시대에 들어서는 당시 불안한 사회 정치 상황으로 인해 야기된 인생의 회의와 실존적 고뇌를 자신만의 감성으로 표 출하는 사변 문화가 조성된다. 당시의 불안하고 혼란한 사회정치 상황은, 과거 인 륜이나 교화의 정치 목적에 복무한 공리적인 문화나 예술에서 벗어나, 인생의 허 망함을 비롯한 개인의 비탄, 우수, 한탄, 공포, 그리움 등의 내면적 정서를 담아내 게 하면서, 정치를 위한 문예 예술이 아닌 예술을 위한 문예 예술의 시대를 연다. 예컨대 당시 유명한 죽림칠현은 현실 정치 세계에서 벗어나서 인생의 무상함을 노래하거나 자연과 벗하는 노장 사상에 귀의한다. 당시 유행한 실존적 고뇌의 역 설적 사유 문화는 일체 만물의 무상함을 주장하는 외래의 불교 문화가 중국에 안 착하는 계기가 되고, 후일 송나라의 문인화를 비롯한 중국의 자연 친화적 예술문 화의 형성에도 지대한 영향을 끼친다.

유학에서 말하는 윤리 가치와 이상에 대해 백성들에게 이야기 하며 사회의 안정을 도모하고자 했다. 송나라 시대의 유학자들 은 기존에 유행하던 도가와 불가 이론에 대해서도 조예가 있 었을 것이다. 그들은 유가의 실천 윤리를 도가나 불가의 형이 상학적 방법론으로 재해석한다. 그 과정에서 유학적 가치와 진 리는 이전보다 더욱 형이상학적 색깔로 채색되어 이상적인 내 용으로 꾸려진다. 그 결과 신유학자들은 유가 윤리의 가치를

수·당 불교

중국 불교는 대략 기원전 2년 한나라 애제 원년 전후에 인도로부터 수입된 것으로 보인다. 왕조의 교체가 특히 잦아서 사회정치적 혼란이 심했던 위진남북조시대에 흥성하기 시작하다가 당나라에 들어서는 중국을 대표하는 문화로 자리한다. 중국 불교는 위진남북조시대의 혼란한 사회정치 상황으로 인해 당시 사회에 만연한 인간들의 인생무상과 좌절감 그리고 실존적 고민 등을 위로하는 역할을 담당하며 확산한다. 불교는 정치에도 많은 영향을 주는데 이는 581년 수나라 (581~618)를 건국한 문제가 '나는 불법으로 말미암아 일어섰다'라고 단언한 것을 통해서도 확인된다. 그러나 수나라는 대운하 건설로 민심을 잃고 고구려 정벌에 실패하면서 이연(李淵)의 당나라(608~907)가 들어선다. 당나라는 초기 10여 년간 전쟁을 수행한 이후에 정치가 안정되면서 중국 문화의 전성기를 이룬다. 이 시기에 인도의 대승불교가 중국 문화 저변으로 빠르게 확산한다. 자신의 몸과 정신이 속세(현상세계)에 처한 환경에서도 모두가 부처가 될 수 있다는 대승불교의 사유는, 중국 도가와 매우 친밀감을 지닌다. 도가는 각자가 직접 수행을 통해 도의 경지에 오를 수 있다고 말한다. 대승불교의 수행자들 또한 이들과 비슷한 체험을 추구한다. 즉, 자신의 삶 동안 도교의 수행자들이 신선의 경지에 오르고 싶어한다면, 대승불교의 수행자들은 부처의 경지에 입문하고 싶어한다. 불교가 중국 사회에 수월하게 안착한 원인은, 상대 문화를 포용하는 불교 문화 자체의 속성에서 기인한 면도 있지만, 무엇보다 불교의 사유 양식과 비교적 친밀한 도교 문화가 이미 중국 사회 저변에 깊숙하게 자리하고 있었기 때문이다.

우주론적 차원, 형이상학적 차원까지 끌어올려 설명하는 신유학(성리학)을 탄생시킨다.

신유학은 다른 용어로, 북송 시대 성리학자 형제인 정호와 정이가 이학을 창시하고 남송 시대의 주희가 이를 계승해 완성했기 때문에 '정주학'이라 불린다. 또, 신유학의 최대 명제가

'천리를 보존하고 인욕을 제거하는 것'인데 그 핵심이 '이(理)'이기 때문에 '이학'이라고 한다. 주희가 완성했다고 해서 '주자학', '인간의 본성(性)' 속에 깃들어 있는 '우주의 이치(理)'를 밝히는 것을 주요 임무로 삼기 때문에 '성리학' 등으로도 칭한다. 즉, 유학은 도가와 불가 이론을 수용하는 가운데 전통적으로 유학의 핵심 관념이었던 '하늘(천명) 관념'을 '우주의 이치'로 대체해 과거와는 다른 색다른 신유학을 탄생시킨 것이다.

남송의 성리학자들은 『대학』을 당시 최고학부인 '대학(태학)'의 교육 지침서로 규정하고 『중용』을 유학의 형이상학적 윤리 지침서로 파악해 『대학』과 『중용』을 새롭게 편집한다. 주희는 『대학장구(大學章句)』와 『중용장구(中庸章句)』를 써서 유학의 이상을 밝힌다. 그는 『대학』의 경우 오탈자가 있다고 하여 문장 위치와 순서를 바꾸고 '경(經)' 1장과 그것을 해설하는 '전(傳)' 10장으로 개정하고 내용까지 보완한다. 그리고 『중용』의 경우에는 정이가 37장으로 나누어 정리한 것을 다시 33장 본래대로 복원하여 정리한다. 그는 『대학』과 『중용』을 유가의 최고 경전인 '사서'의 반열에 올려놓음으로써 이후 『대학』과 『중용』은 관직에 나아가려는 자들과 유학자들의 필독서가 된다.

송나라 신유학

송대 중국의 유학사는 성리학의 계승과 발전, 비판과 극복의 형식으로 전개되는데, 성리학의 주요 주제는 태극(太極), 이기(理氣), 심성(心性), 성경(誠敬) 등의 문제로 집약할 수 있다. 우선, 태극 개념의 경우, 『주역』「계사전」에서는 "태극은 양의(兩儀: 음양)를 낳고, 양의는 사상(四象)을 낳고, 사상은 팔괘(八卦)를 낳고 팔괘에서 만물이 생긴다"라고 하며 태극을 우주 만물의 근원이자 본체로 보고 있다. 이 우주관은 북송의 유학자 주돈이(周敦頤)에 의해 계승되는데 그는 『태극도설(太極圖說)』에서 우주 만물의 생성 과정을 '태극─음양─오행─만물'의 순서로 파악하고 있다. 그는 여기서 태극의 본체를 '무극이태극(無極而太極)'이란 용어로 표현하면서 우주 만물의 본체란 무성무취(無聲無臭)한 것이므로 무극인 동시에 우주 만물이 조화(造化)하는 근원이므로 태극이라고 말한다. 주희는 주돈이의 『태극도설』을 해석하여 무극과 태극은 떼어 생각할 수 없는 것으로 절대 무(無)가 절대 유(有)가 동일하다는 논리를 펴면서 태극 외에 무극이란 따로 있는 것이 아니라고 주장한다. 그에 의하면 만일 무극을 빼놓고 태극만을 논한다면 태극이 마치 한 물체처럼 되어서 조화의 근원이 될 수 없으며, 이와는 반대로 태극을 빼놓고 무극만을 논한다면 무극이 공허(空虛)가 되어 역시 조화의 근원이 될 수 없는 것이다. 즉, 주희는 우주 만물 하나하나가 모두 태극에서 기인했으며 우주 만물은 근원적으로 태극의 동정(動靜)에 의하여 생성하고 전개된다고 본다. 또한 이·기에 대하여 『역』에서 "일음일양(一陰一陽)을 도라 말한다"라고 하고 천지 만물은 음과 양 2기의 활동으로 성립된 것이라 본다. 우주의 본체에 대하여 주돈이는 태극(太極)을, 장재는 태허(太虛)를, 정호는 건원(乾元)이라 정의한다. 그러나 정이는 '음양의 원인이 되는 것이 도'라고 해석하며 형이상의 도와 형이하의 기를 구별하고 도, 즉 이를 기의 현상 속에 존재하는 원리로 규정한다. 즉, 기와는 별도인 이의 세계를 상정하고 이와 기를 확실히 구별함으로써 이기이원론 세계관의 단서를 열었다. 그러나 이와 기는 그 질(質)을 달리할 뿐 동시에 존재하며 항상 변화하는 기와 달리 이는 법칙성을 지니며 움직이지 않는 것이다. '하늘이 곧 이치이다', '마음은 곧 이치이다', '성품이 곧 이치이다'라는 입장에서 볼 때 또 다른 한 편에서 그와 대비되는 기는 항상 이의 발현을 방해하는 물적(物的)인 내용으로 규정될 가능성을 내재하고 있다. 이러한 정이의 이기이원론은 주희에게로 계승되면서 더욱 분명하게 이·기의 성격을 구별하는 방향으로 나아간다. 즉, 주희는 '소이연(所以然)'과 '소당연(所當然)'이라는 두 가지 성격을 지닌 이는 항상 기에 존재하는 것으로 보면서, 기가 형질

(形質)을 지니고 운동하는 것임에 반해 이는 형질도 없고 운동도 하지 않지만 이가 존재하지 않는다면 기의 여러 작용은 전혀 불가능할 뿐만 아니라 기가 존재하는 자체도 불가능한 것이라 본다. 이러한 우주관이 윤리론으로 적용될 때 항상 선한 이와는 달리 기의 청탁(淸濁)은 선악의 결과를 발생하는 원인을 제공한다. 성리학의 윤리론은 이기설과 상호 밀접한 관련성을 지닌다. 즉, 정이는 이가 인간에 들어와 성(性)이 되고 기는 인간에 들어와 재(才)가 된다고 하는데, 이는 만물의 본체이므로 순선(純善)하기 때문에 사람의 성은 모두 선하여 악한 것이 없고, 기에는 청탁(淸濁)과 정편(正·偏)이 있기 때문에 사람의 재(才)에는 지혜·우둔과 현명·불초가 있는 것이라 한다. 선진시대의 맹자에 의해 사상계에 본격적으로 제기된 인성에 대한 선과 악의 판단 여부는 송나라 시대의 성리학자들에 이르러 다시 의리(義理)와 기질(氣質)의 성으로 나누어지면서 의리지성은 본래의 완전한 선을, 기질지성은 그 양·부(良·否)에 따라 선악으로 나뉜다는 윤리학설로 정립된다. 주희는 인간의 심성을 본연지성(本然之性)과 기질지성(氣質之性)으로 나누고, 본연지성이란 이요 선이며, 기질지성이란 청탁과 정편이 있어 반드시 선한 것만이 아니며 때로 악하게도 된다고 말한다. 따라서 타고난 기질의 차이에 따라서 사람은 여러 차별이 있게 된다. 그러나 기질의 청탁과 정편, 지혜·우둔과 현명·불초는 불변하는 것이 아니므로 주돈이는 정(靜)을, 정호는 성(誠)을, 정이와 주희의 경(敬)의 수양 윤리를 강조한다.

『대학』과 『중용』의 마니아들

송나라 시대에 사서의 반열에 오른 『대학』과 『중용』은 황제가 처음으로 관직에 임용된 관료들에게 하사한 문헌이다. 관료 세계에 처음으로 발을 내딛는 인물들에게 황제가 『대학』과

『중용』을 하사했다는 것은 당시에 두 문헌이 지닌 위상을 상징적으로 보여준다. 이후 중국 원나라와 명나라 시대에는 주희가 지은 『대학장구』가 과거시험을 보기 위한 필독서가 되는데, 이는 송나라 이후 성리학의 영향력이 점차 확대되고 있음을 보여준다. 이러한 영향력은 중국뿐 아니라 인접 국가인 조선에서 더욱 화려하게 꽃을 피우기도 한다.

『대학』과 『중용』은 중국뿐 아니라 조선의 역대 왕들과 학자들을 마니아층으로 거느린다. 『대학』의 경우, 조선의 왕들은 주자의 문인에게 수학하여 작은(소) 주자로 불리던 진덕수(眞德秀, 1170~1235)의 『대학연의(大學衍義)』를 자주 탐독했다고 한다. 『대학연의』는 『대학』의 이론 체계에 따라 각각의 역사적 사례를 들면서 군주 수신론을 설명하는 형식으로 구성된 책이다. 『대학연의』의 서문에서는, 군주나 신하가 모두 『대학』을 모른다는 것은 있을 수 없으며, 군주가 『대학』을 모르면 정치의 근원을 맑게 할 수 없고 신하가 『대학』을 모르면 군주를 보좌하는 법을 다할 수 없다고 말한다.

조선을 건국한 태조 이성계는 역성혁명 이전에도 『대학연의』를 탐독하고 그가 즉위한 후에는 편전에서 유학자들에게 항상 『대학연의』를 강론하게 했다고 한다. 조선의 건국 공신들을 제거하고 왕권을 강화한 태종 또한 『대학연의』를 읽고 난

진덕수의 『대학연의』

진덕수(1178~1235)는 중국 남송시대의 주자학자이다. 그가 『대학』을 해설한 『대학연의』는 총 43권으로 구성되어 있다. 그는 『대학』을 6편으로 분류해 각각의 편마다 유교 경전과 역사서에 나와 있는 중국 역대의 성군이라 칭송된 인물들의 사적에 관련된 문구들을 뽑아서 『대학』의 각 구절을 설명하고 거기에 자신의 설명을 덧붙이는 방식으로 『대학연의』를 편찬했다. 그는 주희의 제자인 첨체인에게서 수학했으며, 이후 사람들에게 소주자 내지는 제2의 주자로 불렸다. 그는 나이 52세에 『대학연의』를 집필하기 시작해 5년에 걸쳐 완성했다. 무엇보다도 그는 주자학이 관학으로 확장되는 데에 큰 역할을 했다.

후 '이 글을 다 읽으니 비로소 학문의 공을 알 만하다'라고 했다고 전한다. 세종 또한, 즉위하자마자 경연에서 맨 처음 택한 교재가 바로 『대학연의』였고 세 차례에 걸쳐 정독했다고 한다. 공부하기를 좋아하여 184권 100책 분량의 『홍재전서』를 남긴 정조대왕 또한 평소에 진덕수의 『대학연의』와 구준(丘濬)의 『대학연의보(大學衍義補)』를 애독한 후 그 요점을 간추려 『대학류의 (大學類義)』 20권을 편집해서 출판했다는 기록이 있다. 이러한 사실은 정조가 『대학』의 엄청난 마니아였음을 보여준다. 그는 신하들에게 직접 문제를 내고 답변하게 해서 당시 공부를 게을리한 신하들은 땀깨나 뺐다고 한다. 조선의 대학자인 다산 정약용도 『대학』을 제왕의 학으로 설명하는 해설서 『대학공의(大

學公議)』를 남긴다. 이들 모두『대학』을 정치철학의 대요를 밝힌 유학 지침서로 이해하고 있다.

　『중용』의 경우도 조선의 사상계에 끊임없이 논쟁을 유발한 뜨거운 감자였다. 하늘과 인간의 타고난 성품의 관계를 '이'와 '기'로써 설명하는 성리학적 시각에서 각색된『중용』의 내용은, '사단칠정(四端七情)' 등을 비롯한 조선 특유의 사상 논쟁을 유발한다. 주자보다 더 주자다운 성리학을 지향한 시대였던 조선 시대에『중용』은 퇴계와 율곡 등을 비롯한 당시 성리학자들이 반드시 탐독해야 하는 필수 도서였음은 두말할 나위 없었을 것이다.

전통의 부활인가, 전통의 변화인가

한나라 시대에 들어서 통치 이념으로 등장한 유교는 이후 중국 역사에서 사회 전반에 뿌리를 깊게 내리며 지대한 영향력을 행사한다. 예컨대 유교 문화는 중국의 근대 전환기인 20세기 초반에 일어난 신해혁명과 5·4 신문화운동 기간에 버려져야 할 낡은 유산으로 규정되어 "타도, 공가점(打倒孔家店)!"의 기치 아래 철저히 부정되고 극복되어야 할 대상이 된다. 그러나 중국 사회에 뿌리 깊게 박힌 유교 문화는 사회주의 체제가 들어서도 여전히 막강한 영향력을 행사했다. 이러한 유교의 영향력은 문화대혁명(1966~1976) 기간에 사회 저변에 남아 있는 '구사상, 구문화, 구풍습, 구습관의 네 가지 낡은 과거를 철폐하자'라는 '파사구(破四舊)' 운동, 린뱌오(林彪, 1907~1971)와 공자를 동시에 비판하는 비림비공(批林批孔) 운동이라는 가장 격렬한 유교 사상 파괴 운동을 겪고 난 이후에야 겨우 청산 작업이 일단락된다. 유교가 이렇게 오랜 시간 동안 중국 사회를 관통한 힘은 과연 어디서 나온 것일까?

공자가 활동하고 『대학』과 『중용』이 서술된 춘추전국시대는 중국 역사에서도 일대 변혁의 시기로 꼽는다. 당시 제후국들은 기존의 체제와 정치 방식으로 살아남을 수 없다는 것을 깨닫고 부국강병을 위한 변법운동을 단행했다. 이런 격변의 시대 상황 속에서 당연히 당시 사상계의 화두는 천하의 혼란을 종식할 수 있는 방법을 찾는 것이었다.

이러한 와중에서도 공자를 시조로 한 유가는 지난 과거의 성왕들과 천자의 제도와 문화를 본받을 것을 주장하며 변화하는 시대 상황 속에서도 전통문화를 고수해야 한다고 주장했다. 이러한 유가의 주장은 시대에 뒤떨어진 사상으로 전국시대에 모든 제후에게 철저하게 외면을 당했다. 그런데 옛 문화를 숭상하는 상고주의와 도덕주의로 무장한 유가의 사상은 오히려 한참의 시간을 지나 통일제국 한나라가 중앙집권을 꾀하던 시

변법운동

'변법(變法)'이란 사회질서 전반의 제도개혁을 말한다. 춘추전국시대에 가장 먼저 변법운동을 펼친 제후국은 위나라로, 위나라 문후(기원전 445년 즉위)는 기존의 예치(禮治)를 법치(法治)로 대체하는 가운데 이회, 오기 등을 임용하여 정치 개혁을 실행한다. 위나라의 이회의 경우 '공이 있으면 반드시 상을 주고 죄가 있으면 반드시 벌을 내린다는 정책을 실행'('설원」, 「정리」)하여 나라를 강성하게 한다. 이 외에도 기원전 403년 조나라의 열후는 공중련을, 기원전 389년 초나라의 도왕은 오기를, 기원전 361년 진나라의 효공은 상앙을, 기원전 357년 제나라 위왕은 추기를, 기원전 355년 한나라의 소왕은 신불해를 임용하여 변법운동을 전개한다. 변법운동의 내용은 주로 권문세족의 특권을 박탈하고 중앙집권적인 법치 질서를 확립하는 가운데 군공(軍功)에 의한 신분 질서를 새롭게 정립하는 데에 있었다. 각국의 변법운동은 전쟁에 공로를 세움으로써 신분을 상승시키려는 백성들의 욕구를 고취했다. 당시 변법운동과 전쟁은 대내적으로 첨예한 계급 간의 대립을 해소하는 정치적 문제를 해소하고 대외적으로 제후국 간의 경쟁에서 주도권을 확보하고자 하는 제후국들의 사회정치적 목표를 달성하기 위한 중요한 수단이었다고 할 수 있다. 결국 변법운동을 가장 성공적으로 수행한 진나라가 전국시대를 종식하고 중국을 통일한다.

기에 정치무대에 등장하며 통치 이념으로 채택된다. 과거에도 철저하게 소외되던 유학이 어떻게 한참의 시간이 지난 후에도 생명력을 지니며 정치무대에 도약할 수 있었을까?

하늘이 부여한 명령(천명)을 알아야 한다고 공자가 선언한 이후로, 『대학』에서는 하늘이 부여한 밝은 덕을 밝히는 것(명명덕)을 모든 일의 최우선 과제로 삼았고, 『중용』에서는 인간의 끊임없는 자기 성찰을 통해 하늘과의 소통을 강조했다. 그리고 맹자는 하늘이 부여한 인간의 선한 본성(성선)을 밝히는 도덕 실천을 유학의 주요 명제로 삼았다. 한나라 시대에 이르러 유교는 통치 이념으로 기능하면서 옛 문화를 숭상하는 상고주의와 과거의 도덕주의를 숭상하는 유학의 전통을 강화했다.

한나라의 통치 이념으로 기능한 유교는 인간사를 주재하는 의지를 지닌 존재가 하늘이라 하며 하늘을 더욱 인격화하고서 하늘과 인간과의 관계를 규명하는 작업에 힘쓴다. 한나라의 유학은, 황제는 하늘의 명령을 받는 존재임을 정당화해 황제의 통치권과 위상을 강화하는 지배 이념의 역할을 했고, 다른 한편으로는 하늘과 인간이 서로 감응하는 관계이므로 하늘의 의지를 잘 받드는 정치를 황제에게 주문하는 통치 철학의 역할을 했다. 한나라 시대에 이르러 유학의 '하늘'은 과거 순수한 도덕적 의지로 충만한 하늘이 아니라 아예 인간사를 주재하는 인격신의 모습을 갖추게 된다.

과거로부터 유학은 전통과 변화의 갈림길에서 고뇌하는 가운데 발전한 학문이다. 춘추시대 말기에 활동한 공자는 "옛것을 서술할 뿐 새롭게 창작하지 않으며 옛것을 믿고 좋아하길 가만히 나의 노팽(老彭, 과거 은나라의 현자로 알려진 인물)에 견주고자 한다"라고 하며 자신을 전통문화의 계승자로 자처한다. 그리고 그는 "내가 주나라의 예법을 배웠고 지금도 그것이 현실적으로 유용하게 사용되고 있으므로 '과거 주나라의 예제와 문화를 따르겠다(吾從周)'"라고 단언한다. 유교의 모든 경전에는, 옛 전통문화의 가치를 소중히 여기는 상고주의, 과거 성인의 이상적 정치를 존중하는 선왕(先王) 관념, 선왕들의 도를 계승한다는 도통(道統) 관념 등의 내용으로 충만하다. 자신을 전통문화의 계승자로 자처한 공자는 "선왕의 법을 지키면서 잘못된 자가 있지 않다"라고 하면서 자신은 요순의 도만을 말할 뿐이라고 했다. 그는 요·순·우·탕·문·무·주공으로 이어지는 고대 성인들의 정치가 제대로 계승되지 못한 것이 바로 당시 사회 혼란의 원인이라고 생각했다.

이후 공자의 사상을 계승한 맹자 또한 선왕의 정치를 계승한다면 천하의 정사를 손바닥 위에 놓고 좌지우지할 수 있는데 후세의 사람들은 선왕의 도를 행하지 않는다고 한탄한다. 이러한 상고주의에서 말미암은 것이 유교의 도통 관념이다.

당나라의 유학자 한유(韓愈, 768~824)는 "이 도란 무엇을 말함인가? (……) 요는 이것을 순에게 전하고, 순은 이것을 우에게 전하고, 우는 이것을 탕에게 전하고, 탕은 이것을 문·무·주공에게 전하고, 문·무·주공은 공자에게 전하고, 공자는 맹가(孟軻)에게 전했는데, 맹자가 죽고 나자 전해지지 못했다"라고 하며 요·순·우·탕·문·무·주공·공자·맹자로 계승되는 유학의 도통을 밝힌다.

노장과 불교 사상 등을 수용한 남송시대 성리학자인 주희와 그의 문인들 또한 유교의 도통 관념을 그대로 계승한다. 그들은 아이러니하게도 노장과 불교 사상을 수용하고도 그것을 이단사설(異端邪說)이라고 배척하고 성현의 도를 옹호해야 한다고 주장한다. 이들은 도통론에서 한 걸음 더 나아가 아예 이단을 배척해야 한다는 벽이단(闢異端) 사상을 한층 더 강화하기까지 한다.

그런데 공자는 상고주의와 더불어 다른 한편으로는 "옛것을 익혀서 새것을 알아야 한다(溫故而知新)"라고 말하면서 과거와 새로움을 하나의 연장선상에서 사고한다. 공자가 '온고이지신'을 역설한 내용은 『논어』와 『중용』에서 모두 찾아볼 수 있다. 즉 변화하는 역사의 흐름 속에서 고뇌하던 전통주의자가 내린 결론은 바로 옛것을 토대로 새것을 배워 나아가야 한다는 것이다.

『대학』에서도 상(은)나라를 건국한 탕왕이 "날로 새롭게 하고 나날이 새롭게 하고 또 날로 새롭게 하라"라는 글귀를 매일 마음속으로 새긴 그(탕왕)의 자세를 본받아야 한다고 강조한다. 공자는 과거의 것이라도 현재에도 새롭다고 생각된다면 마땅히 본받을 필요가 있다고 말한다. 이러한 맥락에서 보면 그가 주나라의 제도와 예법을 따르겠다고 주장한 것은 당시에도 그 것이 통용될 수 있는 새로운 것으로 생각했기 때문일 것이다.

『중용』에서는 군자란 모름지기 '늘 때에 맞추어 중용의 도 리를 행하는[時中]' 인물임을 밝힌다. 주희는 '시중'을 '때에 따 라서 중용의 도리로 처신하는 것[隨時處中]'이라고 풀이하는데, 여기서 '때'라는 것은 시공간을 의미하고 '때에 따라서'라 함 은 항상 변화하는 시공간의 상황에 따른다는 것을 의미한다. 즉 『중용』에서 말하는 '시중'은 바로 시공간의 변화하는 상황 에 따라서 항상 그것에 알맞은 적절한 방법을 취해 대처해야 한다는 것을 의미한다. 공자는 "군자는 중용의 도리를 실행하 고 소인은 중용의 도리를 어긴다"라고 하면서 도덕 실천 의지 로 무장한 덕성을 존중하고[尊德性] 묻고 배우는 일을 자신이 나 아가야 할 길[道問學]로 삼아야 한다고 한다. 즉 과거의 덕을 지 닌 성왕을 본받아 자신의 주관적 덕성을 함양함과 동시에 항 상 외부 세계의 사물의 이치를 객관적 자세에서 파악하며 새 로움을 추구해야 한다는 것이다.

결국 유가의 상고주의는 자신들이 전통문화의 계승자임 을 자처하며 정통성을 확보하기 위한 차원에서 비롯한 것이라 할 수 있다. 즉 공자를 비롯한 유학자들은 정통성을 확보한 상태에서 상황의 변화에 따르고 안정 속에서 변화를 꾀하는 철학을 추구한 것이다. 이 점은 그들이 도통을 계승한다고 자처하며 옛것을 숭상하면서도 다른 한편으로 사회 상황의 변화에 직면하면 새로운 이론을 수용하여 이전과는 전혀 색채를 달리한 신유학을 생산해낸 것만을 보아도 확인할 수 있다.

즉, 개혁과 혁신의 성격이 약하고 안정을 추구한 유학은 자신이 살아남기 위해 국가 전반의 총체적인 혁신을 해야만 했던 춘추전국시대 제후들에게는 현실적으로 유용하게 쓰일 수 없는 사상으로 인식되었다. 그러나 사회정치적 혼란이 일정 부분 종식된 후 제국의 통치자는 사회의 안정과 통합을 추구한다. 그들은 혼란으로부터 야기된 갈등을 봉합하고 사회적 통합을 위해 전시 체제에 요구된 과감한 혁신보다는 안정 속에서의 변화를 꾀하고자 했다. 이러한 의도에 부합하는 사상이 바로 안정 속에서 변화를 추구한 유학이라고 생각한 것이었다. 그렇지만 통일제국인 한나라에서 채택한 유학이 바로 춘추전국시대에 유행한 유학과 같다는 것을 의미하지는 않는다.

예컨대 '독존유술'을 표방한 한무제의 경우, 그는 한나라 초기부터 백성들에게 휴식을 주기 위해 견지한 무위의 자유방임 정치에서 벗어나 권력을 황제에게 집중시키는 중앙집권화를 꾀한 인물이다. 한무제는 경제(景帝)의 열한 번째 아들로 적장자가 아닌 후궁의 소생이었으므로 그는 황제로 등극한 후 자신의 입지를 강화할 수 있는 새로운 통치 이념을 모색한다. 그것은 우선 적장자가 아닌 상태에서 황제로 등극한 자신이 정통성을 지녔음을 각인시키고 자신의 권위에 정당성을 부여해주는 것이어야 했다. 이와 더불어 적장자가 아닌 자신의 황제 등극으로 인한 사회의 정치적 갈등과 분열을 막고 자신에게 권력을 집중할 수 있는 중앙집권화에 도움을 주는 것이어야 했다. 그 결과 한무제가 채택한 결론은 '독존유술' 곧 여타의 사상을 폐기하고 유교만을 유일한 통치 이념으로 인정한 것이다. 바야흐로 동중서의 유학을 통해 황제인 한무제는 천명을 받드는 유일한 절대자로 백성 위에 군림하며 하늘과 백성을 소통시키는 존재가 되기에 이른다.

유학의 도통과 정통성을 중시하는 내용은 당시 계급사회에 안정감을 줄 수 있었다. 그리고 또한 시공간적인 변화에 적절하게 대처해야 한다는 유학의 시중 사상은 한나라의 정치가 기존과는 다른 중앙집권체제로 변해야 한다는 것을 대변하며 정당성을 제공해주기에 충분했을 것이다. 이로써 공자 사후 약 6세기가 지난 뒤 유학은 동중서에 의해 새로운 색깔로 덧씌우는 작업을 거친 후 통일국가의 통치 이념으로 채택되고 이후 중국 사회 전반에 막강한 영향력을 행사한다.

전통이란 단지 과거의 것만이고, 과연 변하지 않는 전통이란 있을 수 있는 것일까? 전통을 따를 것을 주장하며 상고주의를 단언한 유가는 왜 다른 한편으로 날로 새로워져야 한다는 점을 부연했을까? 전통은 미래의 시점에서 보면 현재에도 계속 만들어지는 것이다. 공자 사후 후대 유학자들은 여전히 자신들을 전통의 계승자로 자처하지만 사실상 스스로 시대의 흐름에 따라서 전통을 각색하며 계속 이론을 보완해나간 것이다. 우리는 전통을 이미 지난 과거의 것이라 하지만 사실상 전통이란 현재의 시점에 맞게 계속 각색되어 해석되며 만들어지는 것이라 할 수 있다.

2장

『대학』 읽기

큰 학문의 길, 3강령

주희는 『대학』이야말로 학문의 처음과 끝을 통틀어 말하고 있으므로, 이 책을 읽으면 옛사람들이 닦은 공부의 과정을 볼 수 있고 책의 구성은 간단하지만 즐겨 읽을수록 상세한 묘미를 느낄 수 있다고 말한다. 이렇게 말할 수 있는 것은 바로 『대학』이 개인의 도덕적 수양을 시작으로, 이상적인 정치의 실현 그리고 결국은 완전한 선에 이르는 유학의 철학적 대의를 강령으로 삼기 때문이다.

『대학』의 도는 밝은 덕을 밝히는 데 있고, 백성을 새롭게 하는 데 있으며, 지극히 선함에 머무는 데 있다.

주희가 3강령이라고 이름 붙인 『대학』의 첫 구절에서 우리는 유학이 인간을 윤리적 존재로 전제하고 있다는 걸 알 수 있다. 서양을 '이성' 중심의 그리스 문화와 '신' 중심의 기독교 문화가 전통의 커다란 두 축을 형성했다면, 이에 비해 동양 전통 문화의 두 축은 '고통받는 인간'을 주로 묘사한 인도 문화와 '윤리적 인간'을 강조한 중국 문화라고 할 수 있다.

『대학』에서 말하는 '지극한 선'이 펼쳐진 유토피아는 사후 세계나 피안 세계가 아닌 현실에서 진리(도)가 실현된 세계이다. 그것은 '자신의 밝은 덕을 밝히고(첫 번째 강령)', '백성을 새롭게 함(두 번째 강령)'으로써 완성되는데, 이 두 가지가 이상적으로 결합한 것이 바로 '지극한 선의 경지(세 번째 강령)'이다.

밝은 덕을 밝혀라!

모든 일은 자기 수양에서 시작된다

유학에서는 원죄 의식이나 현실 세계로부터 도피하려는 둔

세(避世) 의식을 찾아볼 수 없다. 다만 사회적 동물인 인간이 어떻게 도덕적으로 완성될 것인가 하는 문제에 관심을 기울였다. 이 점을 잘 보여주는 장면이 『논어』에 나오는데 한번 살펴보자.

어느 날, 자로라는 제자가 공자에게 물었다.

"군자가 되려면 어떻게 해야 합니까?"

"경건한 마음으로 인격을 수련해야 한다."

"그렇게만 하면 됩니까?"

"인격을 수련하여 남들을 편안하게 해주어야 한다."

"그렇게만 하면 됩니까?"

"훌륭한 인품을 바탕으로 만백성을 편안하게 해야 한다. 그러나 이것은 요, 순 같은 성인도 어려워한 일이다."

자로가 스승인 공자에게 군자가 되는 방법을 묻자, 공자는 첫 번째로 '공경하는 도덕적인 자세로 자기 자신을 수양하는 것'이라 대답하고, 두 번째로 '자신을 수양하여 다른 사람을 편안하게 해주는 것'이라 대답하고, 세 번째도 역시 '자신을 수양해서 백성을 편안하게 하는 것'이라 대답한다. 이 대화가 보여주듯이 유학에서 모든 사고의 출발점은 자신의 도덕적 수양이다. 그래서 『대학』의 첫 번째 강령도 '밝은 덕을 밝히는' 것이다. 그런데 덕이면 덕이지 '밝은 덕'은 또 무엇을 의미하는 것인가?

'덕'이란 말은 원래 자연의 질서에 따라 여러 사물에 부여된 각각의 특수한 성질을 뜻한다. 여기에 '밝은'이라는 수식어가 붙은 것은, 이 덕이 '하늘이 사람에게' 내린 특별한 덕이기 때문이다. 『대학』의 '밝은 덕'은 인간이 날 때부터 부여받은 '본래 그대로를 발휘할 수 있는 마음의 능력'을 가리킨다. 즉, 도덕적 의지로 충만한 하늘이 부여했으므로 그냥 '덕'이 아닌 '밝은 덕'이라고 표현한 것이다.

다시 말해 『대학』에서 말하는 진정한 군자가 되기 위한 첫 단계는 태어날 때 부여받은 그 본성을 완전하게 체현하는 것이다. 유가에서는 고대의 전설적인 복희, 신농, 황제, 요, 순 등이 바로 '밝은 덕을 밝혀' 하늘의 뜻을 잇고 하늘의 뜻에 따라 인간사의 법칙을 세운 성인들이라 말한다.

> 「강고」에서 이르길 '능히 덕을 밝힌다'라고 했으며, 「태갑」에서 이르길 '이 하늘의 밝은 명령을 돌아본다'라고 했으며, 「제전」에서 이르길 '능히 큰 덕을 밝힌다'라고 했으니 모두 스스로 밝히는 것이다.

· Concept Word ·

중국의 전설적인 제왕

중국 고대의 전설적인 제왕을 삼황오제라고 한다. 그들이 누구인지 일정한 정설이 없고 문헌의 기록마다 다르지만, 대체로 본문에서 주희가 인용한 복희, 신농, 황제, 요, 순 등이다. 삼황오제가 나온 시기는 대략 기원전 4000~2000년에 걸쳐 있다. 이들은 백성들에게 물, 불, 수렵, 농사와 관련된 이용 방법을 가르쳐주었고 정치적으로 태평성대를 구가하게 해준 상징적 인물들이다.

이렇듯 『대학』에서는 『서경』의 여러 편의 내용을 인용해 대학의 도를 이루는 것이란 모름지기 스스로 자기의 덕을 밝히는 것에서 시작하는 것임을 밝히고 있다.

인격이 낮은 사람은 지도자가 될 수 없다

유학에서는 왜 이렇게 자기 수양, 개인의 도덕적 수련을 중요하게 생각했을까? 밝고 건강한 사회문화와 백성들의 편안한 삶을 파괴하는 주요 원인이 바로 사회 지도층의 도덕 의식과 자질의 결여에서 비롯한다고 보기 때문이다. 오늘에 빗대어 이야기하면 대통령, 장관, 국회의원, 법관, 기업체 사장, 교수 등 사람들의 삶에 영향을 크게 미치는 사회 지도층 인사들이 양심적이고 도덕적이지 못했을 경우 그 사회의 병폐와 고통은 그들이 지닌 힘과 비례해서 생긴다는 것을 말한다.

예나 지금이나 사회 지도층의 도덕적 자질이 결여해서 생기는 문제는 항상 건강한 사회를 해치는 중요한 이유였다. 그래서인지 유가에서는 '군자'라는 용어로 표현되는 사회 지배층의 자격 요건을 엄격하게 규정한다. 자기 욕심을 채우기 위해 부도덕한 행위를 한 사람들은 아예 소인으로 규정하고 거론할 가치가 없는 존재로 규정한다.

공자는 『논어』에서 "군자이면서도 어질지 않은 사람이 있다"라고 말한다. 『대학』에서는 도덕적으로 완성된 최고의 인간을 군자라고 했는데, "어질지 않은 군자가 어떻게 있을 수 있지?" 하는 의문이 들 것이다. 지금 사람들에게 군자의 뜻이 무엇이냐고 물어보면 거의 모두가 인품과 학식을 갖춘 뛰어난 인물을 지칭하는 것이라고 대답할 것이다. 물론 지금에는 군자이면서도 어질지 못한다는 내용은 성립하지 못한다. 그런데 『논어』에 "군자이면서도 어질지 않은 사람이 있다"라는 내용이 있는 걸 보면 아마도 과거에 쓰인 군자의 의미와 현재 쓰이는 군자의 의미가 달랐다는 것을 예상할 것이다.

공자는 바로 '군자'라는 말에 '인품과 학식이 뛰어난 인물'이라는 도덕적 의미를 새롭게 부여한 인물이다. 그 이전에 '군자'는 통치 계급에 속한 남자를 가리키는 말이었다. 공자가 옛 노래들을 종합해서 편집한 『시경』의 첫머리에 「관저(關雎)」라는 시가 나오는데, 이 시에서는 모래톱 위에 고운 자태로 앉아 있는 물수리를 보면서 "그윽하고 아리따운 아가씨, 군자의 좋은 배필이네"라고 읊고 있다. 『시경』에서 말하는 군자는 대체로 높은 벼슬자리에 있는 남자들로서 공자 이전에 사용한 군자라는 용어는 통치 계급에 속해 있던 명문가 출신의 남자들만을 지칭한 것이다. '군자'의 '군(君)'이라는 글자의 어원도 손에 지휘봉을 들고 입으로 지휘하는 모습을 묘사하고 있듯이 군자는 사회 지도층 인사를 의미했다.

그러나 공자는 군자의 지위와 그 지위에 부합하는 인격을 지닌 사람만이 진정한 군자라고 새롭게 정의한다. 즉, 공자는 통치 계급의 남자를 지칭하는 '군자'라는 말에 도덕적 의미를 덧붙여서 '신분이 귀하고 아무리 사회적 지위가 높아도 거기에 걸맞은 인격을 갖추지 못했다면 진정한 군자가 아니다'라고 생각한 것이다. 이 생각은 '왕이 왕답지 못해 백성들의 마음을 얻지 못하면 동네 건달이나 다를 게 없다. 그런 자격 없는 왕은 몰아내도 된다'라는 맹자의 혁명 사상으로 발전하게 된다.

유학의 정치 사상을 '덕치주의'라고 하는데 덕치주의란 바로 통치 계급이 먼저 덕성을 함양해서 백성들에게 모범을 보이면, 백성들이 절로 감화되어 질서 있고 평화로운 사회가 이루어진다는 것을 말한다. 『대학』의 주인공인 '진정한 군자'는 자신의 품성에 내재한 밝은 덕을 밝힘으로써 백성들을 새롭게 감화하는 정치를 펴는 인물을 가리킨다. 학문하고 수양하는 목적은 이런 사람이 되기 위해서라는 것이 바로 『대학』의 가르침이다.

나날이 새롭게, 또 날로 새롭게 하라

새로운 나와 새로운 정치

중국의 고대 역사에서 폭군의 대명사로 불리는 사람 중 하나가 하(夏)나라의 걸왕(桀王)인데 이 포악한 걸왕을 쫓아내고 새로운 나라를 세운 사람이 상(商)나라의 시조인 탕왕(湯王)이다. 『대학』에서는 새 나라를 세운 탕왕이 목욕통에다 다음과 같은 글귀를 새겨두고 매일 개혁 의지를 다졌다고 한다.

참으로 날로 새롭게 하고, 나날이 새롭게 하고, 또 날로 새롭게 하라!

'새롭게 한다'라는 말을 세 번이나 반복한 것으로 보아, 새로운 정치를 하겠다는 탕왕의 열정이 얼마나 컸는지를 짐작할 수 있다. 탕왕은 이 말을 목욕통에 새겨두고 몸을 씻을 때마다 새로운 마음으로 새 사회를 건설하겠다는 결의를 다진다.

하나라의 걸왕을 몰아내고 상나라를 건국한 탕왕이 매일같이 씻으며 새롭게 해야 한다고 자신을 경계시킨 내용은 무엇일까? 사람들은 흔히 역사란 이긴 자의 기록이라고 말하지만, 혁명이든 쿠데타든 그러한 일들은 기존의 이념이나 관행들이 그 사회를 더는 완전하게 장악할 수 없게 된 데서부터 비롯한다. 그리고 기존의 정치 이념이나 질서를 극복하려는 또 다른 싹들은 이미 그 질서의 형성과 더불어 자라나는 것이기도 하다. '역지사지'라고 그랬던가! 새롭게 군주 자리에 오른 탕왕은 바로 자신과 반대 세력에 의해 왕위에서 축출된 걸왕의 교훈을 잊었을 리 없을 것이다. 그는 걸왕의 경우를 반면교사 삼아 백성들이 등을 돌린 하나라와는 다른 새로운 정치를 하겠다고 다짐했을 것이다. 그러므로 탕왕은 매일같이 사용하는 목욕통에 "참으로 날로 새롭게 하고, 나날이 새롭게 하고, 또 날로 새롭게 하라!"라는 글귀를 새겨두고 매일매일 몸을 씻을 때마다 이러한 역사의 진리를 되새김질한 것이다.

그러나 새로운 정치란 군주 혼자만의 힘으로 이룰 수 있는 일이 아니며, 백성들과 호흡을 같이할 때 비로소 완성할 수 있다. 탕왕은 백성들과 함께 이루는 새로운 정치를 자신을 새롭

유가에서 말하는 성군과 폭군의 상징

유가에서 성군의 대명사는 요 임금과 순 임금이다. 요의 재위 기간은 기원전 2350년부터 약 100년간에 이른다. 요의 치적에 관한 기록은 『서경』의 「요전」에 나온다. 유가에서 요를 높이 받드는 이유는 덕으로 백성을 교화해 덕치주의에 성공한 성군이자 중국 역사상 최초로 왕위를 순에게 선양한 인물이기 때문이다. 순 임금은 요 임금에게 자리를 물려받아 48년 동안 재위했다고 한다. 그는 효제(孝悌)의 덕을 다했다고 해서 유가에서 또한 성군으로 받든다. 그는 역법과 도량형을 고치고 예와 악을 선양하고 적재적소에 신하들을 배치해서 그 능력을 발휘하도록 했고 관제를 정비해 정치제도를 완비한 인물이다. 유가에서는 그들이 다스린 시대를 '요순시대', 또는 그들의 국호인 당과 우를 본떠 '당우(唐虞)시대'라고 하여 '평천하'의 이상 세계로 묘사한다. 중국 역사에서 폭군의 대명사는 하나라의 걸왕과 은나라의 주왕이다. 유가에서는 이상적인 군주로 받드는 요, 순과 대비해 폭군의 사례로는 걸, 주를 거론한다. 걸은 하나라의 최후의 왕으로 상 왕조를 연 탕왕에게 패배해 지금의 안휘성 지방에서 죽는다. 주는 상왕조의 최후의 왕으로 주나라의 무왕에게 지금의 하남성 지방인 목야에서 패배해 자살한다. 주는 주색과 황음에 취해 포악한 정치를 일삼았다고 전한다. 『사기』에서는 비간이란 신하가 강직하게 간언하자 주는 그의 몸을 해부하여 심장을 살펴보았다고 기록하고 있다.

게 하는 데서부터 시작한다. 자신부터 과거의 찌꺼기를 벗고 깨끗한 인격을 갖추기 위해 노력함으로써 백성들이 의욕을 가지고 새로운 사회 건설에 나서도록 모범을 보이고자 한 것이다.

역사는 새로움을 찾아 흐른다

탕왕이 걸왕을 몰아내고 상나라를 건국한 것은 새로운 역사를 시작한 것이다. 역사란 인간이 새로움을 추구하는 과정이기에, 늘 흐르는 것이지 정지된 상태로 있는 것이 아니다. 『대학』은 다음과 같이 말하며 군주들에게 늘 새로워지는 자연스러운 역사의 이치를 깨우치라고 격려한다.

『서경』의 「강고」에서는 '백성들이 새롭게 발전할 수 있도록 진작하라!'라고 말했다.

그런데 날로 새로워지려는 삶의 목표는 지금 현실을 바탕으로 생겨나는 것이기 때문에 인간은 자신과 자신이 처한 현실을 냉철하게 인식하고 평가하는 반성 능력을 갖추어야 한다. 새롭게 발전하고자 한다는 점에서 인간의 삶의 목표는 언제나 미래 지향의 것이라 할 수 있다. 이어지는 『대학』의 글이다.

『시경』은 '주나라는 비록 오래된 나라지만, 그 명이 새롭다.'라고 말했다.

『시경』에 나오는 「문왕(文王)」이라는 시는 1,000여 년이라는 오랜 세월 동안 은나라에 속한 하나의 제후국이었던 주나라가 현실을 토대로 새롭게 정치체제를 개혁해 결국 은나라 주왕을 물리치고 새 나라를 건설한 역사를 찬양한 것이다. 그 시에 위

글귀가 나온다.

　새롭게 주나라를 연 문왕과 무왕은 새로운 미래에 대한 설계와 끊임없는 자기 수양을 통해 마침내 그 목표를 이루었기 때문에 『대학』은 다음 말로 이야기를 맺는다.

　　군자는 새로워지는 최선의 방법을 쓰지 않는 일이 없다.

　사람은 누구나 어렸을 때 그 사회의 문화, 교육 등의 영향을 받는다. 그러나 그것을 토대로 자라면서 또 다른 세계를 보는 능력을 점점 키워간다. 이 과정에서 새로운 세대는 기성세대가 좀처럼 이해할 수 없는 자신들만의 세계를 개척한다. 그래서 어느 시대, 어느 사회에서건 기성세대는 '요즘 애들은 버릇이 없다', '요즘 애들은 너무 튄다'라는 말을 흔히 내뱉곤 한다. 아주 먼 옛날부터 '요즘 애들'은 늘 그랬고 앞으로도 그럴 것이다. 인류 역사의 어느 순간도 신·구 세대 간에 의식의 차이가 없었던 시기는 없었다.

　사람이나 사회나 항상 흐름 속에 있으며, 늙음과 젊음은 항상 물 흐르듯 꼬리에 꼬리를 물고 있다. 젊은 사람과 사회가 나이를 먹으면 늙게 되고, 그러면 또 다른 젊고 새로운 사람과 사회가 오는 것이 바로 역사이다. 늘 새로워지려고 하는 것이 인간과 사회, 역사의 자연스러운 흐름이라고 할 수 있다.

최고의 선에 머물기

머물 곳을 아니 아름답다

우리는 종종 한국 부모들의 교육열이 세계 최고라는 말을 듣곤 한다. 그리고 그 이유를 과거시험에 모든 것을 쏟아부었던 우리의 유학 전통에서 찾기도 한다. 하지만 선비들이 열심히 공부해서 되고자 했던 것은 '문화적 교양인'이지 지식만 뛰어난 전문가가 아니었다. 과거 유가의 전통적 사유에는 인간이 사회, 교육, 문화, 정치적 존재라는 의식이 뚜렷하게 담겨 있다.

예컨대 공자는 시와 음악, 고전을 사랑했고 이를 통해 자기 생각을 표현하기를 즐겼다. 『논어』에 나오는 "시에서 감흥하고, 예에서 서고, 악(과거에 노래, 춤, 연주 등을 종합한 예술 형식)에서 완성한다"라는 말만 보더라도 공자가 스스로 여러 방면에 균형 잡힌 문화인임을 자부했다는 걸 느낄 것이다. 이처럼 유학의 군자와 오늘날 돈, 권력, 지식을 상징하는 전문가 집단은 성격이 아주 크게 다르다고 할 수 있다.

『대학』의 밝은 덕을 밝히고 백성들을 새롭게 한다는 두 강령도 결국은 이 두 가지가 이상적으로 결합해 '최고의 선이 실현되는' 세 번째 강령을 목적으로 한다. 그것은 백성들이 살기에 가장 적합한 사회, 교육, 정치, 경제, 문화의 환경이 조성된 사회를 말하는데, 『대학』은 이와 같은 이상을 주로 시를 빌려서 표현한다.

『시경』에서는 '왕의 도읍 천 리여, 백성들이 머물러 살 곳이다'라고 노래했다.

『시경』에서는 '꾀꼴꾀꼴 우는 꾀꼬리여, 숲 우거진 언덕 가에 머무는구나'라고 했다. 공자는 이에 대해 '꾀꼬리도 자기가 머물 곳을 아는데, 사람이 새보다 못해서야 되겠는가'라고 말했다.

『대학』의 '최고의 선에 그침에 있게 한다'라는 세 번째 강령의 내용은 밝은 덕을 밝히고 백성을 새롭게 하는 도가 이상적으로 실현된 결과로 나타나는데, 이 경지는 삶에 적합한 최선의 환경이 조성된 세계를 말한다. 옛 선비들은 『대학』에서 말하는 이러한 가르침을 날마다 되새기면서 '나는 열심히 수양하고 공부해서 백성들이 편안하게 머물 수 있는 세상을 만드는 데 헌신해야지' 하고 결심했을 것이다. 그것은 자기 혼자 능력을 갖추고 출세해서 혼자서 잘 먹고 잘 사는 데 머무는 것이 아니라, 모든 사람이 살 만한 좋은 사회 환경을 만드는 데 삶의 목적이 있다는 것을 의미한다. 『대학』에서는 사회에서 각자 자신의 위치에 맞게 제 역할을 하는 것이 자신이 머무를 곳을 아는 것이라 하며 이때가 가장 아름다운 세상이 창출될 수 있다고 노래한 것이다.

군자의 길

그러면 『대학』에서 말하는 군자의 모습은 어떠했을까? 『시경』의 노래를 인용하며 군자의 아름다운 모습을 표현하고 있는 내용을 살펴보자.

> 『시경』에서 이렇게 노래했다. '저 기강(淇江) 모퉁이를 바라보니, 푸른 대나무가 무성하도다! 빛나는 군자여, 자르는 듯하고 미는 듯하며, 쪼는 듯하고 가는 듯하구나. 엄하고 굳세며, 빛나고 드러나니, 빛나는 군자여, 끝내 잊을 수 없도다.' 자르는 듯하고 미는 듯하다는 것은 배움을 말한 것이고, 쪼는 듯하고 가는 듯하다는 것은 스스로 수양함을 말한 것이며, 엄하고 굳세다는 것은 속마음이 공손하고 조심스럽다는 말이고, 빛나

고 드러난다는 것은 겉으로 드러난 모습에 위엄이 있다는 말이다. 빛나는 군자를 끝내 잊을 수 없다는 것은 그 덕망과 선한 행동을 백성들이 잊을 수 없음을 말한 것이다.

여기에 인용된 시는 『시경』의 「기욱(淇娛)」이라는 작품이다. 위나라의 무공(武公)이 '절차탁마'하듯 학문과 덕행을 쌓는 모습을 칭송한 내용으로, 백성들이 잊을 수 없는 군자의 면모를 그린 것이다.

'자르고 미는 것'은 한자로 '절차(切磋)'로, 이것은 톱이나 칼로 자르고 대패나 줄로 다듬으면서 뼈나 뿔을 세공하는 과정을 말한다. '쪼고 가는 것'은 '탁마(琢磨)'인데, 망치나 끌로 쪼고 모래나 돌로 옥돌을 세공하는 과정을 말한다. 이때 무공은 아흔을 넘긴 나이였는데도 이처럼 치열하게 정진하고 노력했다고 한다. 이렇듯 동양의 군자는 항상 긴장하고 노력해 삶의 최선의 상태를 유지하는 사람을 말한다. 또 다른 예로 유학에서 성군으로 칭송하는 문왕에 대한 묘사를 보자.

『시경』은 이렇게 노래했다. '빛나도다, 문왕이여! 아! 끊임없이 덕을 밝혀서 공경함에 머물렀도다.' 문왕은 군주가 되어서는 어짊에 머무르고, 신하가 되어서는 공경함에 머무르고, 자식이 되어서는 효도에 머무르고, 어버이가 되어서는 자애에 머무르고, 백성들과 더불어 사귈 때엔 믿음에 머물렀다.

『대학』은 문왕이 군자인 이유를 '군주가 되어서는 어짊에 머무르고, 신하가 되어서는 공경에 머무르고, 자식이 되어서는 효도에 머무르고, 어버이가 되어서는 자애에 머무르고, 백성들과 더불어 사귈 때엔 믿음에 머물렀기' 때문이라고 말한다. '지극한 선'에 머무는 방법으로 어짊(인), 공경(경), 효도(효), 자애(자), 믿음(신)이라는 다섯 가지 덕목을 제시한 것이다. 즉 군자란 바로 이 다섯 가지 덕목을 끊임없이 수행하는 사람을 가리킨다.

스스로 밝은 덕을 밝히는 일과 백성을 새롭게 하는 일이 완전히 하나로 합쳐질 때 최고의 선을 실현하는 이상 세계가 완성된다는 것이 『대학』의 요지라고 이야기했다. 그러나 한번 그 세계가 이루어졌다고 해서 그것이 지속될 것이라는 보장은 없다. 그래서 그것을 계속 유지하기 위한 군자의 끝없는 수행과 노력이 필요하다고 말하는 것이다.

천하 경영의 필요충분조건

유학의 이상은 '수기(자기 수양)'와 '치인(사람들을 다스림)'이 완벽하게 조화되어 천하 경영의 필요충분조건을 갖추는 것이다. 『대학』의 3강령은 물론이거니와 공자의 염원이 담긴 『논어』의 이상은 '수기'와 '치인'이 완벽하게 조화되어 인(仁)과 선(善)이 통용되는 사회 환경을 형성하는 데에 있다. 그리고 그것을 위해 가장 앞서 강조하는 것은 자기 수양이다. 『대학』에서도 이 점을 여러 차례 강조하며 이렇게 말한다.

천자부터 서인에 이르기까지 하나같이 자기 수양을 근본으로 삼는다.

자기 수양을 통해 백성들을 다스리는 데로 나아가고, 백성들을 다스리는 사람은 도덕적으로 완전한 인물이어야 한다는 논리이다. 『논어』의 "자기를 극복하고 예를 회복한다"라는 것이 그렇고, 『대학』의 "밝은 덕을 밝힘에 있고, 백성을 새롭게 함에 있다"라는 것도 같은 의미로 또한 그렇다. 즉 자기 수양의 완성은 백성들을 다스리는 데로 나아가고, 백성들을 다스리는 사람들은 도덕적으로 완전한 인물이어야 한다. 이렇듯 '수기'와 '치인'의 내용은 '선과 인이 실현되는' 결과(평천하)와 필요충분의 관계를 형성한다. 다시 말해 이러한 상호 관계가 충족된 상태에서만이 평천하, 곧 세상 가득 선과 인이 들어찰 수 있다고 생각했다.

그러면 이렇게 3강령으로 표현된 천하 경영의 필요충분조건이 갖추어지려면 구체적으로 어떤 과정을 거쳐야 할까? 그것이 바로 3강령을 실천하는 『대학』의 8조목이다.

> 옛날에, 밝은 덕을 천하에 밝히려는 사람은 먼저 그 나라를 다스렸고, 나라를 다스리려는 사람은 먼저 그 집안을 가지런히 했고, 집안을 가지런히 하려는 사람은 먼저 그 몸을 닦았고, 몸을 닦으려는 사람은 먼저 그 마음을 바르게 했고, 마음을 바르게 하려는 사람은 먼저 그 뜻을 정성되게 했고, 뜻을 정성되게 하려는 사람은 먼저 그 앎을 이루었는데, 앎을 이루는 것은 사물의 이치를 연구하는 데에 있다.

하나씩 뜯어보면, 먼저 '옛날에'라는 표현을 한 것은 앞으로 설명할 내용이 예부터 검증된 방법이라는 걸 강조하는 어투이다. '밝은 덕을 천하에 밝힌다'를 바꾸어 말하면 세 번째 강령인 '지극한 선에 머문다'가 된다. 그리고 격물, 치지, 성의,

정심, 수신은 '밝은 덕을 밝힌다'라는 첫 번째 강령에 해당하고, 제가, 치국은 '백성을 새롭게 한다'라는 두 번째 강령에 해당한다. 그리고 평천하란 이 두 강령이 이상적으로 실현된 상태를 말한다.

다시 말해 '평천하(지극한 선의 상태, 인)'를 위한 과정은 '격물, 치지, 성의, 정심'에서 '수신(수기, 극기)'을 거쳐 '제가, 치국(치인, 복례)'의 상태로 연계된다. 즉 『대학』이 지향하는 궁극적인 경지인 이상적인 선과 인이 실현되는 '평천하'라는 상태에 도달하기 위해 '명명덕(수기, 극기, 격물, 치지, 성의, 정심, 수신)'과 '신민(치인, 복례, 제가, 치국)'이라는 논리적 구조하에 각각 조목들은 연결된 고리처럼 이루어져 있다. 이렇게 8조목 각각은 하나의 논리 구조 아래 연결되어 있으므로, 만약 고리가 하나라도 끊어지면 결국 '평천하'의 이상을 이룰 수 없게 된다.

최고의 삶을 창조하기, 8조목

격물, 치지: 유학적 앎이란 무엇인가

지식과 지혜의 경계에서

8조목의 첫 단계는 바로 사물을 연구하는 '격물'이다. 주희는 '수신'의 토대는 자연과 사물의 본질에 대해 '그것은 무엇일까?' 하고 묻는 것이라고 했다. 이것은 과학자들이 하는 것과 같은 지적인 사색과 탐구를 말한다. 그런데 유학에서는 이보다 더 나아가 이것이 '이 경우에는 어떻게 처리해야 할까'

하는 지식을 넘어선 삶의 지혜와 '이럴 때는 마땅히 이렇게 해야 한다'라는 윤리 사상으로 발전한다.

사람과 동물의 차이점은 불과 도구를 이용하는 것이라고 한다. 그런데 인간이 불과 도구를 이용하는 것은 지식일까, 지혜일까? 인간이 사용하기 전에도 불은 있었고, 사냥 도구로 이용할 만한 자연물도 있었다. 삶의 경험을 통해 반복적으로 그것들을 관찰해 얻는 것을 지식이라고 한다면, 그것을 반성하며 사유하고 이용하는 것은 지혜라 할 수 있다.

『논어』를 시작하는 첫 문장은 "배우고 때로 익히면 즐겁지 않은가"이다. '배우고', '익히는' 것은 학습을 말한다. 당시에 공자만큼 역사와 고전 문화에 대한 지식이 풍부하고 깊은 사람도 없었던 것 같은데, 공자는 왜 여전히 공부하는 것을 강조하며 즐거워했을까?

공자는 아마도 새로운 지식을 익히면서 그것이 인간 사회를 질서 있게 정리하는 데 도움이 되기를 바랐을 것이고 자신이 바라던 꿈이 이루어지는 것을 상상한 공부이니 당연히 신나고 즐거웠을 것이다.

유학은 이처럼 사물의 본질을 탐구하는 지식 축적의 문화와 인간 사회의 질서를 되찾는 도덕 실천의 문화가 결합한 사상이다. 그래서 유학에서 말하는 공부나 학습은 결국 세상의 일을 잘 처리하는 데 필요한 공부라고 말할 수 있다. 따라서 지식에 머무르지 않고 '이 경우에는 어떻게 처리해야 하나?' 하는 지혜로운 앎의 문화, '이럴 때는 마땅히 이같이 해야 한다'라는 윤리적인 앎의 문화를 발달시켰다. 유가의 이상적 인간상인 군자라는 개념이 공자를 기점으로 지배 계층의 남성을 지칭하는 것에서 지적인 학식과 도덕적인 인품이 뛰어난 남성을 지칭하는 용어로 전환한 것 또한 이러한 맥락에서 이해할 수 있다.

이렇게 유학의 '앎'은 지식보다 지혜를 추구하는 것이었다. 하지만 항상 지식의 탐구는 지혜와 윤리로 가는 중요한 입구가 되었고 그 입구가 바로 첫째, 둘째 조목인 격물, 치지이다.

격물: 유학적 탐구하기와 앎에 대해서

오래전 내가 고등학교 다닐 때 일본식 교육을 받은 나이 드신 윤리 선생님은 서양 문화는 과학적, 이성적, 능동적이고 동양 문화는 비과학적, 감성적, 수동적이라고 말씀하곤 하셨다. 그런데 지금 생각해보면, 그것은 매우 잘못된 구분이었고 그런 생각은 사실 일제 교육의 잔재였다. 즉, 이러한 이분법적 잣대는 서양 문화를 동양 문화의 우위에 두려고 하는 의도에서 비롯한 것이거나, 그와 반대로 서양을 정복과 파괴의 문화로 동양을 조화와 적응의 문화로 규정하려는 상반된 두 주장을 동시에 만족시키려는 부적절한 의식화 작업에서 비롯한 것이다.

근대에 동양에서 맨 먼저 서구 문화를 받아들인 일본은 자부심이 대단했다. 한국이 일본의 식민지였을 때 일본인들은 자기들의 문화를 과학적이고 이성적이라고 강조하면서, 한국의 문화는 비과학적이고 감성적이라고 얕잡아보았다. 그리고 이것은 단지 일부 생각에 그치지 않고 일본 본토와 식민지 한국의 학교 교육에서 의식화 작업의 일환에서 조직적으로 진행되었다.

동양의 나라들끼리도 이런 논리를 폈으니, 서양이 동양을 식민지로 삼을 때에는 오죽했을까? 사실상 이런 논리로는 1,000여 년 동안 과학과 이성보다는 종교적 믿음을 중시했던 서양의 중세 시대를 설명할 수 없을 뿐만 아니라 동양의 현실주의적인 유학의 문화를 설명할 수도 없다. 반동력은 누르는 힘에 비례하는 법이다. 단지 이런 유형의 주장은 최근에 이르러 사물에 대한 잠재된 과학적 탐구 능력을 누가 먼저 일깨웠는가 하는 문제로 산업화 이후 동서양 사회에 제한해서 사용해야 할 것이다. 동서양 문화를 이분법적으로 재단하는 이러한 관점은 그 문화 자체가 지니는 있는 그대로의 문화적 특수성과 차별성을 이해하지도 존중할 수도 없는 오류를 낳을 뿐이다.

사물에 대한 탐구의 정신은 탐구 대상의 신비로움과 호기심으로부터 기인해 과학 정신을 발전시키지만, 인간과 인간사에 대한 탐구 정신은 탐구 대상의 본질과 관계를 강조하고 윤리 정신을 발전시키는 데로 나아가기 마련이다. 과거 유학의 탐구 정신은 사물에 대한 탐구보다는 인간의 본질과 인간사의 일을 처리하는 데 집중된다.

자기 수양(수신)을 위한 『대학』의 첫째, 둘째 조목이 "사물의 이치를 연구하여 앎을 이룬다(격물치지)"라는 것인데 과연 무엇이 『대학』이 말하는 '사물의 이치'이고 '그 이치를 연구하는 것'일까?

> 물건에는 근본과 말단이 있고, 일에는 끝과 시작이 있으니, 먼저 하고 뒤에 할 것을 알면 도에 가까울 것이다.

주희는 『대학』에 '격물치지' 조목에 대한 설명이 빠져 있다고 직접 자신이 내용을 보충했지만 사실 그가 『대학』의 '경'이라 하여 총론으로 분류한 곳을 살펴보면 위의 인용 내용과 같은 설명이 나와 있다. 이 글귀를 보면 '물건에는 근본과 말단이 있고, 일에는 끝과 시작이 있는 것'이 바로 사물의 이치이고, 그 이치에 따라 '먼저 하고 뒤에 할 것을 아는 과정'이 '그 이

치를 연구하는 것'임을 알 수 있다. 결국 첫째 조목인 '격물'은
사물과 인간에 대한 탐구 정신이라고 할 수 있다.

치지: 사물의 이치에 따라 일을 처리한다

둘째 조목인 '치지'의 내용은 무엇일까? 그것은 사물과 인
간, 인간과 인간 사이에서 발생하는 일들을 그 이치에 따라 처
리하는 것이다.

> 근본이 어지러운데 말단이 다스려지는 일이란 없고, 두껍게
> 해야 할 것을 얇게 하고 얇게 해야 할 것을 두껍게 하는 일이
> 란 없다.

『대학』에서 말하는 앎의 높은 경지란 자신의 도덕적 본분
과 위치를 잊지 않으면서 일을 처리하는 것을 말한다.

> 공자는 '소송의 내용을 듣고 판결하는 일은 내가 다른 사람과
> 다를 게 없겠지만, 그것보다 내가 원하는 것은 소송하는 일이
> 없도록 하는 것이다'라고 말했다.

『대학』에서 말하는 '앎의 지극한 경지'를 느끼게 하는 문장

이다. 『대학』은 이 문장을 이렇게 설명하고 있다.

진실함이 없는 자가 거짓말을 다하지 못하는 것은 백성의 마음을 크게 두려워하기 때문이니, 이것을 일러 근본을 안다고 하는 것이다.

유학의 앎이란 이처럼 사건의 진실을 밝히는 예리한 통찰력만이 아니라 아예 모든 사람이 도덕심을 회복해 진실만을 말함으로써 소송 사건 자체가 일어나지 않게 하는 윤리적 앎을 말한다. 윤리적 앎이 갖추어진 사회에서는 옳고 그름의 문제가 혼란스럽게 뒤엉키게 될 어떠한 소지도 발생하지 않는다.

즉, '격물치지'는 한마디로 사물의 이치를 탐구해 세상일을 훌륭하게 처리할 수 있는 윤리적 앎을 얻는 것을 말한다.

주희의 훈수: 사색을 통한 앎을 추구하라

『대학』의 마니아 가운데서 1등을 뽑는다면, 단연 성리학의 완성자인 주희가 차지할 것이다. 주희는 40세쯤에 『대학』을 주석하기 시작해 60세에 그 주석본에 서문을 달았고, 세상을 떠나기 사흘 전에도 그것을 수정하는 열의를 보였다고 하니 마니아 중의 마니아라고 할 수 있겠다.

『중용』은 전해진 자료의 상태가 좋았던 반면,『대학』은 그렇지 못해서 대대로 학자들이 다시 정리하려고 애썼다. 주희도 『대학』의 체계를 재구성한 인물 가운데 하나인데, 어떤 학자들은 주희가 수정한 최고의 걸작을 '격물' 조목에 대한 보완이라고 평가한다. 주희가 『대학』에 빠진 부분이 있다고 하여 보충한 '격물' 조목의 글을 후세 사람들이 〈보망장(補亡章)〉이라고 불렀는데, 소실된 내용을 보충한 글이라는 뜻이다. 주희가 보충한 〈보망장〉의 내용은 다음과 같다.

> 이른바 앎을 이룸이 사물(物)의 이치를 궁구함에 있다는 말은, 나의 앎을 이루려면 사물에 다가가 그 이치를 연구해야 한다는 것이다. 사람 마음의 신령함에는 앎의 능력을 소유하지 않음이 없고, 천하의 모든 사물에는 이치가 없는 것이 없지만, 그런데도 이치를 아는 데에 미진함이 있는 것은 지혜로운 탐구가 충분하지 않기 때문이다. 그러므로『대학』에서 가르침을 시작할 때, 반드시 배우는 사람에게 천하의 모든 사물에 다가가 이미 아는 것을 바탕으로 더욱 탐구하여 그 극치에 이르도록 하는 것이다. 이렇게 사물의 이치를 깨닫기 위해 오래도록 노력하여 어느 날 갑자기 마음의 능력이 환하게 트여서 모든 이치를 깨달으면, 여러 사물의 겉과 속이며 정밀하고 조잡

・ Concept Word ・

성리학

중국 역사에서 송나라 이후에는 불교와 도교가 조정에서 밀려나 산림에 은거한다. 당나라 시대 유학자 한유를 출발점으로 하여 북송의 정명도, 정이천 형제에 이르러 불교와 도교의 이론을 받아들이면서 체계적으로 발전하기 시작한 성리학은 남송의 주희에 이르러 집대성된다. 이후 명나라에 이르기까지 수백 년간의 사상사를 지배한 주요한 사조가 된다. 성리학은 송학, 이학, 정주 이학, 주자학으로도 불린다. 성리학의 핵심 주제는 '천리를 보존하고 인욕을 없앤다'라는 것이다.

한 것이 이르지 않는 것이 없고, 내 마음의 전체적인 큰 움직임이 밝아지지 않는 것이 없게 되는데, 이것을 사물의 이치를 연구하여 앎이 이루어지는 것이라고 한다.

주희 이전의 학자인 한나라 때의 정현은 '격물'의 '물'을 임금이 신하를 만나는 일, 아버지가 아들을 대하는 일을 뜻한다고 했다. 이렇게 풀이하면 '격물'은 인간관계에서 발생하는 일을 뜻하고, '치지'는 인간관계에서 발생하는 일의 이치를 깨닫는다는 의미가 된다. 이렇게 보면 '격물치지'가 윤리적 앎을 뜻하는 것인데 이것은 바로 유학의 전통적인 생각이었다.

그런데 주희가 처음으로 '격물'을 사물[事와 物]에 나아가 그 이치를 철저히 연구한다는 의미로 새롭게 해석한다. 이 해석은 그때까지의 인간관계에서 발생하는 일을 처리하는 앎에다 사물의 이치를 탐구해 지식을 추구하는 앎을 더해서 새로운 앎의 개념을 탄생시킨 것이다. 즉, 주희가 사물에 대한 지식을 획득하는 객관적인 학문 방법을 유학에 새롭게 도입한 것이라 할 수 있다. 이 때문에 후세의 학자들은 주희가 보충한 '격물'의 내용을 걸작이라고 평가한다. 그리고 이것이 바로 '새로운 유학'이라고 불린 성리학의 특징이기도 하다.

그러나 주희가 도입한 사물을 관찰하는 방법은 현대 철학에서 말하는 '감각 기관을 통한 경험적이고 과학적인 탐구 방법'과는 다르다. 주희는 사물의 이치를 깨닫기 위해 오랫동안 애써 노력하면, 어느 날 갑자기 마음속에 깃든 지혜의 작용이 환하게 트이면서 만물의 이치를 통달하게 된다고 말한다. 즉 주희가 채택한 탐구 방법은 손으로 조작하고 눈으로 관찰하는 과학적인 방법이 아니라, 깊은 사색을 통해 어느 순간 갑자기 이치를 깨닫는 공부였다고 할 수 있다.

주희의 훈수에 맞수 두기: 실천윤리 유학으로 복귀

그런데 오랜 공부와 사색을 통해 앎을 얻는 주희의 방법을 너무 지루하고 자질구레하다고 생각한 사람들이 나타난다. 그들이 바로 양명학자들이다. 양명학자들은 사물의 이치를 탐구하기보다는 오로지 뜻을 세우는 것이 중요하다고 생각했으며, 그들은 '우주가 곧 내 마음이고 내 마음이 곧 우주'라고 생각하며 마음을 밝히는 공부를 통해 앎을 넓혀가려고 했다.

성리학과 양명학, 유학의 두 흐름을 형성한 이들은 앎을 추구하는 방법에서 어떤 차이를 보였을까? 성리학자들이 주장한 공부 방법은 많은 책을 읽거나 오랜 시간 동안 사물을 관찰하는 것이고, 양명학자들이 주장한 공부 방법은 마음의 수양을 쌓는 실천이었다. 양명학자들은 도덕적인 마음이 바로서야 좋은 지식도 얻을 수 있다고 본 것이다.

양명 선생이라고 불린 왕수인(王守仁, 1472~1528)은 처음에 주희의 공부 방법을 믿고 집에 돌아와 대나무를 바라보며 그 이치를 밝히려 했다고 전해진다. 그런데 왕수인은 대나무를 바라보며 며칠 관찰하고 생각하다가 그만 병이 나고 말았다. 왕수인은 이렇게 말했다고 한다.

"내가 30년 동안이나 헛일을 했다는 것을 지금에야 비로소 깨달았다!"

왕수인이 깨달은 것은 무엇이었을까? 결국은 모든 일은 마음의 문제에서 비롯한다는 것이다. 왕수인은 사람의 행동이 곧 일이고 일이 곧 사물인데, 그것은 사람 마음속에 있는 의지와 생각에서 나오는 것이라고 보았다. 마음속에 있는 의지와 생각이 사람의 행동을 낳고 또 사물을 낳는다는 것이다.

그래서 왕수인은 외부로부터 무엇을 배우기보다는 하늘에서 부여한 마음속의 도덕을 실천(치지)하는 데 열중했고, 그 시작은 일을 바로잡으려는 실천적인 노력(격물)이라고 생각했다. 왕수인에게 앎은 실천의 시작이고 실천은 앎의 완성이기 때문에 앎과 실천은 한 몸과 같았다. 또한 이때 실천을 정확히 하는 것이 곧 앎이 되기 때문에 실천은 앎에 가장 절실한 것이 된다. 따라서 왕수인은 '격물'이란 마음의 악을 제거하고 선을 실행하는 공부라는 결론에 도달한다.

주희는 사물에 나아가 이치를 깨닫는 것을 '격물'이라고 했고, 왕수인은 '격물'을 마음과 뜻을 바로잡는 것이라고 보았다. 즉, 주희가 마음속에 깃든 지혜의 작용을 중시했다면 왕수인은 마음속에 깃든 도덕의 실천 정신을 강조한 것이라고 할 수 있다. 이 같은 양명학의 실천 정신은 중국 근현대의 혁명가들에게 영향을 주기도 했다.

성의: 홀로 있을 때 군자는 무엇을 하나

8조목의 세 번째는 '뜻을 정성스럽게 한다'라는 '성의(誠意)'

양명학

창시자는 남송 시대의 육구연(陸九淵)이다. 그는 인간의 마음속의 주관적 의지를
강조한 심학을 창립했다. 이후 명나라 때 왕수인(王守仁)이 '남송의 육학'을 계승
발전시켰다. 남송의 육구연은 자기와 우주의 합일 내지 우주적 자아의 각성을 주
로 이야기했고 왕수인은 일상생활 속에서 도덕 실천의 주체를 확립할 것을 강조
했다. 사상의 핵심 범주는 '마음'과 '사물'의 관계, '마음'과 '이치'의 관계를 다루면
서 마음속에서 자연스럽게 나오는 마음의 작용을 연구하는 것이다.

이다. 여기서 '성'이라는 한자를 잠깐 살펴보자. 성(誠: 정성)은
말씀 언(言)과 이룰 성(成)을 합친 글자로, 자기가 한 말을 성실
하게 이루어간다는 뜻이다. 따라서 '성의'란 뜻을 성실히 한다
는 말이다. 『대학』에서는 이것을 '자기 스스로를 속이지 않는'
것이라고 이야기한다.

> 이른바 뜻을 정성스럽게 한다는 것은 스스로 속이지 않는다
> 는 것이다. 악을 미워하기를 마치 악취를 싫어하는 것처럼 하
> 고, 선을 좋아하기를 마치 미인을 좋아하는 것처럼 하는 것인
> 데 이것을 일러 스스로 만족함[自謙]이라고 한다. 그러므로 군
> 자는 항상 혼자 있을 때를 경계한다.

그리스의 철학자 소크라테스(Socrates, 기원전 470~399)는 '우리가 존중해야 할 것은 단순한 삶이 아니라 올바른 삶'이라고 말한다. 다시 말해 그냥 사는 것이 아니라 올바르게 살려고 노력하는 것이 중요한 것임을 강조한 것이다. 그러나 사람이 살다가 보면, 마음과는 달리 양심을 어기는 일을 할 때가 있는데 이것은 무엇을 하고자 하는 생각과 그것을 이루어나가겠다는 의지가 아직 군건하게 통일되지 못했을 때 벌어지는 일이다. 이것이 바로 『대학』에서 말하는 스스로를 속이는 일이다.

'성의'란 이런 일을 막기 위해 착하게 살겠다는 뜻과 의지를 매일같이 다짐하며 키워나가는 것이다. 『대학』은 사람이 가장 방만하고 나태해지기 쉬운 때를 경계해야 한다고 경고한다.

> 군자는 혼자 있을 때도 항상 양심에 따라 뜻을 정성스럽게 해야 한다.

> 부유함은 집을 번듯하게 하고, 덕은 몸을 윤택하게 한다. 덕이 있으면 마음이 넓어지고 몸도 편안해진다. 따라서 군자는 반드시 그 뜻을 정성스럽게 한다.

군자와 반대로 양심적, 도덕적이지 못한 졸장부를 '소인'이라고 부르는데, 소인은 홀로 있을 때 나쁜 생각을 하고 못된 일을 꾸미다가 남들 앞에서는 그것을 감추고 착한 척한다. 하지만 남들이 그 속을 훤히 들여다보기 때문에 아무리 감추려 해도 속에 있는 것이 겉으로 드러나게 마련이다.

소인은 혼자 있을 때 착하지 못한 짓을 즐겨 하다가도 군자를 만나면 천연덕스럽게 착하지 못함을 감추고 착함을 드러내 보인다. 하지만 남들은 그 사람의 폐와 간을 훤히 들여다보는 듯하니, 무슨 도움이 되겠는가. 이것을 '속에서 진실하면 밖으로 드러난다'라고 하는 것이다. 그러므로 군자는 반드시 혼자 있을 때를 경계한다.

증자가 말했다. '열 사람의 눈이 바라보고 열 사람의 손가락이 가리키고 있으니, 무섭구나!'

군자는 혼자 있을 때도 항상 양심에 따라 마음먹은 뜻을 성실히 한다. 반면 소인은 홀로 있을 때 선하지 못한 일을 꾀하다가도 군자 앞에서 그것을 감추고 선함을 드러내려 하지만 남들이 모두 폐부를 들여다보듯이 훤하게 알게 되는데 이것을 가리켜 주희는 '중심에 성실하면 외면에 나타난다'라고 말한다.

정심: 마음이 떠나면 몸도 떠난다?

'마음이 떠나면 몸도 떠난다'라는 것은 사람 사이의 일이 아니라 나 자신의 마음과 몸의 관계를 말하는 것이다. 곧, 내 마음이 떠나면 보고 듣고 먹는 내 몸의 감각기관이 작용하는 의미를 잃는다는 뜻이다. 현대 철학의 사고로는 마음을 어지럽히는 것은 외부 사물인데 감각기관이 작용해 대상을 경험하고 이것이 뇌에 전해져 마음을 동요시킨다고 생각한다. 그러나 유학에서는 전통적으로 마음이 몸을 지배한다고 생각했다. 즉 몸은 마음과 육체로 이루어졌고 육체가 있어야 자신의 마음도 생겨난다. 그런데 옛사람들은 습관적으로 우리의 몸을 감각기관을 의미하는 몸과 사고하는 마음으로 분리해 표현했다. 즉, 몸은 감각기관에 비유하고 마음은 사유 기관에 비유해 우리의 몸을 표현한 것이다. 정신적으로 몹시 힘든 일을 겪는 사람들이 '살아도 사는 게 아냐!' 혹은 '먹어도 먹는 게 아니야!'라고 하는 말들을 간혹 접한다. 또한 어떤 경우에는 '모든 일은 마음먹기 나름이다', '모든 일은 마음에서 비롯된다'라고 마음의 작용을 절대화해 말하곤 한다. 그리고 어느 순간부터인가 마음과 정신은 같은 의미로도 쓰이기 시작했다. 이런 현상에 대해 『대학』은 이렇게 말한다.

마음이 있지 않으면 보아도 보이지 않고, 들어도 들리지 않고, 먹어도 맛을 알지 못한다. 이것을 '몸을 닦음은 그 마음을 바르게 하는 데 있다'라고 말하는 것이다.

이른바 몸을 닦는 것이 마음을 바르게 하는 데 있다는 것은, 분노와 노여움이 있으면 그 바른 것을 얻지 못하고, 두려움이 있으면 그 바른 것을 얻지 못하고, 기쁨과 즐거움이 있으면 그 바른 것을 얻지 못하고, 근심과 걱정이 있으면 그 바른 것을 얻지 못한다는 것이다.

『대학』은 마음이 몸을 주재하기 때문에, 마음속에 노여움이나 두려움이나 근심이나 걱정이 생기면 몸은 당연히 정상 상태를 벗어난다고 한다. 현대 말로 표현하자면 이성을 잃은 사람은 어리석고 무모한 행동을 하게 된다는 의미다. 또 마음속의 감정이 자신의 의지를 해칠 정도로 과도해지면 겉으로 드러나는 행동도 균형을 잃는다.『대학』뿐만 아니라 많은 철학자가 마음속에서 일어나는 균형 잡히지 않은 감정의 부조화에 대해 경고한다. 그리스의 철학자 피타고라스는 "분노란 무모함으로 시작해 후회로 끝난다"라고 경고한다.

『대학』의 셋째 조목인 마음을 바르게 한다는 '정심'은 앞

조목의 '성의' 하려는 의지를 담고 있는 마음을 잘 보존해야 한다는 가르침이다.

수신: 화목한 가정을 위한 자기 수양

세상에서 가장 가까운 사이가 부모, 자식 간이지만 그 관계처럼 풀기 어려운 문제도 없는 것인지 부모와 자식 관계에 대해 숱한 말들이 입에 오르내린다.

> 자기 자식에 대해 안다면 현명한 아버지이다.(셰익스피어, 『베니스의 상인』)

> 자식은 아버지만이 안다.(관중, 『관자』)

부모들에게는 항상 아이들과 제대로 의사소통을 하고 올바르게 교육하는 일이 매우 어려운 과제다. 그래서인지 부모 노릇 하기 참 어렵다는 말들을 하기도 한다. 그것은 동양이나 서양이나, 예나 지금이나 마찬가지이다. 『대학』은 그 시기에 유행하던 속담을 빌려 부모, 자식의 관계를 설명한다.

'사람들은 자기 자식의 악함을 알지 못하며, 그 싹이 자라나는 것을 알지 못한다'라는 말이 있다. 이것은 자기 수양을 하지 못하면 집안을 가지런히 할 수 없다는 것이다.

이 인용 문장은 글자 그대로 풀이하면 두 가지로 해석이 가능하다. 첫째는 부모가 자식을 너무 사랑해 자식의 잘못된 점을 알지 못하면 자식의 잘못된 싹이 더 커질 수 있으니 자식을 잘 다스려야 한다는 경계의 말로 해석된다. 둘째는 부모가 자식을 사랑해 자식의 잘못된 점을 알지 못하며 날이 갈수록 그 싹이 크게 되어 자식을 잘 교육할 수 없다는 말로 해석이 가능하다. '자식의 싹'이든 '부모의 싹'이든 두 해석 다 일리가 있어보이는데, 결론은 부모란 본능적으로 자식을 사랑하기 때문에 자식의 잘못을 객관적으로 보기 어렵고, 그러다 보면 잘못의 싹이 점점 커져서 걷잡을 수 없게 된다는 경계의 말이다.

집안을 가지런히 하는 데에 자기 수양이 필요하다고 하는 것은, 사람들이 친하고 사랑하는 것에 따라 편파적으로 되고, 천히 여기고 미워하는 것에 따라 편파적으로 되고, 두려워하고 존경하는 것에 따라 편파적으로 되고, 슬프고 불쌍히 여기는 것에 따라 편파적으로 되고, 거만하고 게으른 것에 따라 편파적으로 되기 때문이다. 그러므로 좋아하면서도 그의 나쁜 점을 알고, 미워하면서도 그의 좋은 점을 아는 사람은 세상에 드물다.

『대학』이 말하는 이상적인 어버이상은 가족을 깊이 사랑하되, 끝없는 수양과 반성을 통해 가족 구성원들 사이에서 발생하는 일을 공정하고 균형 있게 처리하는 부모이다. 그 시기의 '집안'은 오늘날 우리가 생각하는 가족보다 범위가 훨씬 넓었고 구성원도 많았다. 그런데 그 집안의 어른이 인격이 부족해서 편파적인 감정으로 가족 구성원을 대하거나 일을 처리한다면 많은 문제가 생겼을 것이다.

우리는 보통 유학을 '효'만을 강조하는 학문이라고 생각한다. 하지만 그것은 우리가 일방적으로 효만을 강요하는 교육을 받았다고 정치적으로 의미를 변질했기 때문이다. 『대학』은 부모들에게 '당신이 먼저 수신해서 훌륭한 사람이 되지 못하면, 집안을 잘 다스릴 수 없다'라고 조금은 냉정한 결론을 내린다. 가장이 '수신'을 하지 못하면 그 집안의 행복을 바랄 수 없다는 의미로 부모의 책임을 무척 강조한 말이다.

나, 집안, 국가, 세계를 다스리는 원리는 하나다

유학의 교육, 정치철학의 요지는 자기 수양을 통해 집안, 국가, 천하를 다스린다는 논리를 바탕으로 하고 있다. 『대학』에서는 먼저 개인이 사물과 세상일에 대해 지혜를 추구하는 완벽한 자세를 갖추어야 한다는 의미에서 '수신'에 필요한 네 가지 조목을 제시하고, 그 적용 범위를 확장하고 있다. 앞의 네 조목은 개인의 지혜로운 삶을 위한 수양이 아니며, 그것을 확장해 가문과 나라를 지혜롭게 경영하려 한 것이다.

따라서 '사물을 탐구해 앎에 이르는 과정(격물치지)', '뜻을 정성스럽게 하고(성의)' '마음을 바르게 하는(정심)' 인격 수양이야말로 더 큰 사회적 실천을 향해 나아가는 근본이다. 이렇듯 『대학』은 세계 만물의 궁극적 원리를 탐구하는 일을 시작으로 삶과 사회에 관한 지혜를 추구하는 일을 밝히면서 궁극적으로 '평천하'를 지향한다. 여덟 번째 조목 '평천하'는 앞의 일곱 가지 조목이 완성되면 자연스럽게 이루어지는 결과이다.

집 밖으로 나가지 않고도 가르침을 이룬다

학생 시절에 점심을 먹으러 학교 근처 분식점에 가면 눈에 자주 띄는 글귀가 몇 가지 있었다. 그중 "집안이 화목하면 모든 일이 이루어진다(가화만사성)", "정신을 통일하면 모든 일이 이루어진다(정신일도 하사불성)"라는 글귀가 가장 많았고, 조금 더 고급 음식점에 가면 "하늘을 공경하고 사람을 사랑한다(경천애인)"라는 문구도 있었는데 이것들은 모두 유학 사상을 담은 격언들이다. 『대학』은 가족 윤리가 정치 윤리와 통일되어 있다고 말할 수 있다.

나라를 다스리는 일이 반드시 집안을 가지런히 하는 데 기초해야 한다는 것은, 자기 집안을 가르치지 못하면서 남을 가르칠 수 있는 사람이란 없기 때문이다. 따라서 군자는 집 밖으로 나가지 않고서도 나라에 가르침을 이루는 것이다. 효도(효)는 군주를 섬기는 것이요, 우애(제)는 윗사람을 섬기는 것이요, 자애(자)는 여러 백성을 부리는 것이다. 『서경』의 「강고」에 '갓난아기를 돌보듯이 하라'고 했으니, 마음으로 진실하게 구하면 비록 완전하지는 않더라도 크게 벗어나지는 않을 것이다. 아이를 낳아 기르는 법을 배운 뒤에 시집가는 사람은 없다.

여기서 '갓난아기를 돌보듯이' 한다는 것은 지도자가 백성을 대하는 태도를 말하며, 부모가 아이를 기를 때 온갖 정성을 다하듯이 정치를 해야 한다고 비유한 것이다.

『대학』을 읽다 보면 과거에 서양보다 동양에 더욱 엄격한 가족 윤리와 질서 의식이 있었다는 생각이 든다. 『대학』에서 말하는 집은 지금의 가정이 아니라 하나의 가문을 가리키는데 집[家]은 대부가 다스리는 영역을 말하고, 나라[國]는 제후가 다스리는 제후국을 뜻한다. 그리고 천하(天下)는 제후들의 왕인 천자가 다스리는 세계를 가리킨다. 따라서 집안의 윤리는 대부가 다스리는 통치 영역에 적용되는 것이기 때문에, 하나의 법이자 정치라고 할 수 있고, 한 가문의 수직적인 상하 위계질서를 세우는 원칙인 셈이다. 그래서 가족 윤리가 엄격하게 느껴지는 것이다.

『대학』에서 가족 윤리를 바로세우는 덕목으로 제시한 것이 자식이 부모를 섬기는 '효도', 동생이 형을 존중하는 '우애', 부모가 자녀를 사랑하는 '자애'이다. 이것이 국가의 정치 윤리로 전환되면 '효도'는 군주에 대한 '충', '우애'는 상관에 대한 '공경', '자애'는 백성에 대한 '사랑'으로 적용 범위가 확대된다.

『대학』은 대부는 대부대로, 제후는 제후대로 자신이 처한 위치에 따라 '효', '제', '자'의 윤리를 자기 몸에 통합적으로 갖추어야 한다고 말한다. 작은 집단을 다스리는 인품과 정치 능력을 키우는 것은 곧 더 큰 나라를 다스리는 역량을 키우는 일이 된다는 것이다. 그리고 어느 한 사람이 한 집안의 가장이면서 천자의 신하도 되기 때문에 이 같은 역량을 갖추면, '군자는 집을 나서지 않고서도 나라에 가르침을 이루며', '그러므로 나라를 다스림이 곧 집안을 가지런히 함인 것'이라고 말한다.

한 집안이 어질면 한 나라에 어진 기풍을 일으키고, 한 집안이 겸손하면 한 나라에 겸손한 기풍을 일으키며, 한 사람이 욕심을 내거나 사나움을 부리면 한 나라에 어지러움을 일으킨다. 그 이치가 이와 같으니, 이것을 일러 말 한마디가 일을 그르치고 한 사람이 나라를 안정시킨다고 하는 것이다.

요임금과 순임금이 천하를 어짊으로 이끌자 백성들도 그것을 따랐고, 걸왕과 주왕이 천하를 포악함으로 이끌자 백성들이 그것을 따랐다. 자신이 좋아하는 것과 반대로 명령을 내리면 백성들은 따르지 않는다. 그러므로 군자는 자기가 선을 갖춘 뒤에야 남에게 요구하고, 자기가 악을 버린 뒤에야 남의 악을 비난하는 것이다. 자기가 갖춘 것으로 미루어 남을 헤아리지 않고서 사람을 깨우칠 방법은 없다.

혈구지도: 하나의 잣대로 천하를 다스린다

『대학』에서 집안은 정치, 사회의 기본 단위로 국가는 가족이 확대되고 연장된 것이다. 그리고 집안의 질서는 앞서 말한 '효', '제', '자'의 원리로 유지된다. 또 가족관계의 연장선에서 왕, 신하, 백성의 관계가 규정되기 때문에 가족 윤리는 정치의 주요 덕목이 된다.

이처럼 가족과 사회의 기본 윤리인 '효', '제', '자'를 『대학』은 '혈구지도(絜矩之道)'로 설명하는데 혈구지도란 바로 지배 계급의 위치에 있는 군자들이 공통으로 지녀야 할 행위규범을 말한다. 혈구지도는 '혈구의 도(道)'라는 말인데 여기서 '혈'은 자로 재거나 헤아린다는 뜻이고, '구'는 직각의 자를 가리킨다. 따라서 혈구지도는 '직각의 자로 재는 방법'이라는 뜻이다. 바로 '효', '제', '자'라는 잣대로 실천 윤리를 가늠하는 방법이 '혈구지도'인 것이다.

『대학』에서는 집안과 국가를 다스리는 데에 공통의 잣대인 혈구지도를 사용하는데 정치에서 이 잣대를 사용하는 방법은 다음과 같다.

이른바 천하를 평화롭게 하는 것이 나라를 다스리는 데 있다는 것은 윗사람이 연장자를 연장자로 대우하면(효) 백성들이

효도를 일으키고, 윗사람이 어른을 어른으로 대우하면(제) 백
성들이 공경함을 일으키며, 윗사람이 외로운 사람을 구휼하
면(자) 백성들이 저버리지 않는다는 것이다. 그러므로 군자는
혈구의 도를 지니고 있다.

그러면 혈구지도의 구체적인 내용은 무엇일까?

윗사람에게서 싫었던 것으로 아랫사람을 부리지 말고, 아랫
사람에게서 싫었던 것으로 윗사람을 섬기지 말고, 앞사람에
게서 싫었던 것으로 뒷사람에게 가하지 말고, 뒷사람에게서
싫었던 것으로 앞사람에게 하지 말고, 오른쪽 사람에게서 싫
었던 것으로 왼쪽 사람과 사귀지 말고, 왼쪽 사람에게서 싫었
던 것으로 오른쪽 사람과 사귀지 말라. 이것을 혈구의 도라고
한다.

위의 내용은 어떤 인간관계에서도 균형감각을 잃지 말 것
을 강조한 것이다. 정치가가 이 가르침을 따르는 길은 '백성들
이 좋아하는 것을 좋아하고, 백성들이 싫어하는 것을 싫어하는
것'이다. 그래서 군자의 마음가짐은 항상 부모와 같아야 한다
고 말한 것이다.

『시경』에서 '즐거우신 군자여, 백성의 부모로다'라고 노래했다. 백성들이 좋아하는 것을 좋아하고 백성들이 싫어하는 것을 싫어하는 것, 이것을 일컬어 백성의 부모라고 한다.

『논어』에 이런 장면이 나온다.

> 공자가 말했다.
> "삼아, 내 도(道)는 하나로 꿰뚫어져 있다."
> 증삼(증자)이 대답했다.
> "예, 알겠습니다."
> 공자가 밖으로 나가자 다른 제자들이 증삼에게 물었다.
> "선생님께서는 무엇을 말씀하신 것입니까?"
> "선생님의 도는 충(忠)과 서(恕)일 뿐이다."

이 장면은 유학의 중요한 개념인 충과 서를 이야기한 대목이다. 한자를 보면 忠(충)은 마음 심(心)과 가운데 중(中)이 합쳐져 있고, 恕(서)는 마음 심(心)과 같을 여(如)가 합쳐져 있다. 마음에 중심이 서서 흔들리지 않는 것이 '충'이고, 남의 마음과 같아지려는 사랑의 마음이 '서'이다.

'충'은 '내가 서고자 하면 남을 서게 하고, 내가 도달하고자 하면 남도 도달하게 해주는 것'이고, '서'는 '내가 하고 싶지 않은 것을 다른 사람에게 베풀지 않는 것'을 말한다. 이러한 충, 서의 마음이 바로 혈구지도이다. 곧 유학의 사유는 나를 척도로 삼아서 다른 사람의 마음을 헤아리는 방식을 취하고 있다.

정치, 경제의 근본은 도덕이다

공자의 "군자는 의에 밝고, 소인은 이에 밝다"라는 짧은 명제를 통해 사회적 재화나 물질적 욕망에 대한 유가의 전형적 태도를 읽을 수 있다. 유가에서는 사회 안정의 첫 단계는 부모와 자식, 군주와 신하가 이익이라는 관계가 아니라 인과 의라는 전통적 규범을 기초로 하는 것이라고 말한다. "이(利)를 보면 의(義)를 생각한다"라는 공자의 결연한 태도[見利思義]나, "사는 것도 내가 바라는 것이고, 의로움을 지키는 것도 내가 바라는 것이지만 두 가지를 동시에 가질 수 없다면 목숨을 버리고 정의를 택할 것이다"라는 맹자의 선언[捨生取義]을 통해서 우리는 인의의 도덕 가치에 대한 공자와 맹자의 확고한 입장을 알 수 있다.

만약 공자와 맹자에게 생명 유지를 위한 필수적인 물질적 욕망과 인의의 도덕 가치 중 어느 하나를 택하라고 한다면 그들은 당연히 후자의 입장을 택할 것이다. 그들은 후자가 전자보다 비교할 수 없을 정도로 중요한 가치를 지녔다고 생각했다.

군자는 무엇보다 먼저 덕에 주의를 기울여야 하니, 덕이 있으면 곧 사람들이 따르게 되고, 사람들이 따르면 곧 토지가 있게 되고, 토지가 있으면 곧 재물이 나오게 되고, 재물이 나오면 곧 쓸 수가 있게 된다. 덕은 근본이고 재물은 말단이다. 근본을 외면하고 말단을 중시하면, 백성들을 다투게 하여 서로의 것을 빼앗으려고 하게 한다.

공자는 부유함과 귀함이 정상적인 방법으로 얻어진 것이라면 그것을 누릴 수 있다고 말한다. 공자는 "부유함과 귀함은 사람들이 원하는 것이지만, 정당한 방법으로 얻은 것이 아니면 갖지 않는다. 가난함과 천함은 사람들이 싫어하는 것이지만 정당한 방법이 아니라면 그것에서 벗어나지 않는다"라고 말한다. 그러므로 『대학』에서는 '덕이라는 것은 근본이고 재물이라는 것은 말단'이라고 말하고 있다. 이것이 『대학』에서 말하는 국가가 부유해지고 강해지는 정상적인 방법이다. 모든 경제적인 문제도 군자의 덕으로부터 비롯된다고 『대학』에서는 말하고 있다.

지금까지 우리는 『대학』의 3강령, 8조목을 차례로 살펴보

왔다. 『대학』은 개인, 가족, 국가의 경영 원리로 점차 범주를 넓혀가며 군자의 도덕성이 확대되는 과정을 일목요연하게 설명하고 있다. 현대를 사는 우리는 이 같은 『대학』의 관점에 대해 어떻게 바라볼 수 있을까?

유학은 천자에서 제후, 대부로 이어지는 봉건제라는 사회 제도 아래서 형성된 사상이다. 그래서 종법이라고 불리는 가문법의 원리에 따라 국가와 천하를 다스릴 것을 주장한다. 천하를 하나의 큰 집안이라고 생각하면 작은 영토를 관할하는 사람이 천자에게 하는 효도는 곧 국가에 대한 충성이기도 했다. 혈연과 종법의 사회에서 충과 효는 같은 길을 걸었다고 할 수 있다.

하지만 오늘날은 어떨까? 우리가 사는 세계에서 개인 윤리와 국가 윤리가 정말 일치할 수 있을까? 요즘처럼 이익이 첨예하게 대립하고 대규모화된 사회에 혈연과 종법을 위주로 전개된 『대학』의 논리를 적용하는 것은 아마 어려울 것이다. 우리는 『대학』을 통해 유학을 삶과 정치의 원리로 받아들인 옛사람들이 어떤 가치관 아래에서 살았는지를 이해하면 충분할 것이다.

3장

『중용』 읽기

동양의 하늘과 군자의 도

비가 오시네

내가 어린 시절을 추억할 때 떠올리는 단골 메뉴가 외가다. 초등학교 시절 방학이 되면 외가에 며칠씩 머무르곤 했는데 특히 지금도 잊을 수 없는 것은 항상 청소하거나 그릇을 닦고 계셨던 외할머니의 깔끔한 모습이다. 너무나도 열심히, 묵묵히 그 일에 열중하셔서 마치 수행하는 스님처럼 느껴졌는데 오죽 하면 어머니께서 그릇이 망가져서 못 쓰는 게 아니라 닳아서 못 쓰게 되었다고 불평하셨을까?

늘 그렇게 일에 몰두하시던 외할머니의 얼굴에 화색이 돌 때가 있었다. 지금이야 찾아볼 수 없는 풍경이지만 당시에 집 건너편 공터에 곡예단이 천막을 치고 공연을 할 때였다. 외할머니는 그때마다 가장 좋은 한복을 정성스레 다려 입으시고 한 손에는 어린 나의 손을, 다른 한 손에는 하얀 모시 손수건을 쥐고서 공연 구경을 가셨다.

그러던 어느 날, 갑자기 소나기가 내려 외할머니의 고운 한복을 적신 일이 생겼다. 새로 꺼내 정성스럽게 다려 입은 한복이 젖었으니 짜증이 날 만도 한데, 외할머니는 모시 손수건으로 얼굴을 닦으시면서 담담하게 이렇게 말씀하시는 기억이 떠오른다.

"아, 비가 오시는구나!"

사실 외할머니뿐 아니라 내가 어렸을 적에는 나이 드신 어른들 대부분이 비가 내리면, "비가 오시네"라고 표현하셨다. 가뭄이 심해 논바닥이 쩍쩍 갈라져도 농민들은 하늘을 쳐다보며 욕하거나 원망하기는커녕 "비 좀 내려주세요!", "비가 오셔야 할 텐데!"라고 기원하는 경우를 접하곤 한다.

그렇다. 과거 전통 사회에서 동양의 하늘은 이렇게 경외의 대상이었다. 하늘은 항상 인간을 굽어보며 명령을 내리고 훈계하는 높은 존재이고, 비를 내려 대지의 갈증을 풀어주기도 하고 때로는 자연재해를 일으켜 인간들을 경계하고 징벌하는 고맙고도 두려운 존재였다.

공자는 하늘과 인간의 관계에 관심을 두기보다는 사람들이 부대끼는 현실 사회에서 예의 실천에 주로 관심을 집중한 실천 윤리 사상가이다. 반면 『중용』은 하늘과 사람의 관계를 밝히는 것에서부터 시작한다. 『중용』은 하늘이 부여한 것이 인간의 본성임을 명확하게 규정하고 인간은 경외하는 하늘과 일치하기 위해 끊임없이 수양을 통해 자질과 능력을 쌓아야 하는 존재로 규정된다. 하늘을 공경하는 경천(敬天) 사상이 유학의 주요 내용으로 자리매김한 것은 『중용』에서 비롯한다.

하늘은 도깨비다

『중용』의 본문을 펼치면 맨 처음 눈에 띄는 글자가 '하늘(天)'이다. 그런데 그 하늘은 새가 노니는 자연의 공간도, 나를 상쾌하게 하는 푸른 하늘도 아닌, 나에게 무언가를 말하고 있는 '살아 있는 하늘'이라는 생각이 든다.

그렇다. 『중용』의 하늘은 나에게 무언가를 부여하고 그것을 따르라고 경고하는 의미를 지닌 하늘이다. 그런데 동양의 철학자들이 말하는 '하늘'이 이런 한 가지 뜻만 담고 있는 것은 아니다. 동양의 하늘은 의미가 매우 복잡하고 다양해서 어떤 학자는 '하늘'을 도깨비와 같다고 표현한다. 만약 우리가 동양의 철학자들에게 '하늘'이란 메뉴를 주문하면 그들은 제각각 다른 음식을 요리해줄 것이다.

먼저, 하늘에는 '자연'이라는 의미가 담겨 있다. 그렇다면 자연이란 무엇을 의미하는 것일까? 저절로 그러하다는 의미를 지닌 자연스러움, 새가 놀고 물고기가 헤엄치는 자연 공간, 인간사의 고단함을 잊게 해주는 편안한 휴식처, 잘 관찰해서 활용하고 재해를 예방해야 할 자연현상 등을 뜻한다.

반면에 '하늘'에는 인간에게 마땅히 이러이러해야 한다고 끊임없이 훈시하고 경계하는 공경의 대상, 나에게 덕을 내려주고 명령을 내리는 주체, 우리가 빌고 기도하는 하느님 같은 뜻이 담겨 있기도 한다.

도가의 장자(莊子, 기원전 369?~286)는 소와 말이 다리가 네 개인 것이 '하늘'이라고 말한다. 자연 그대로의 본모습을 하늘이라고 한 것이다. 또 법가의 한비자(韓非子, 기원전 280?~233)는 인간의 총명한 능력을 하늘이라고 말한다. 유가의 공자는 하늘에 죄를 지으면 빌 곳이 없다고 했고, 맹자는 인간의 본성을 탐구해서 하늘의 본성을 알자고 했으며, 순자(荀子, 기원전 298?~238?)

는 인간의 삶을 위해 하늘을 극복하자고 말한다.

이처럼 동양의 하늘은 다양한 모습을 띠고 있다. 하늘은 인간보다 우월하다가도 어떨 때는 인간과 대등한, 또 어떨 때는 인간을 위한 대상으로 정의되는 것이었다.

『중용』의 '하늘'

> 하늘이 명한 것을 성(性)이라 하고, 성을 따르는 것을 도(道)라 하며, 도를 닦는 것을 교(敎)라 한다.

이것이 바로 『중용』의 첫 문장이다. 공자는 『논어』에서 "하늘이 내게 덕을 주었다"라고 하여 하늘과 인간이 소통할 수 있는 길을 열었다. "하늘이 명한 것을 성(性)이라 한다"라는 말은 사람이 날 때부터 지니는 바탕(성)은 하늘이 명령한 것임을 밝힌 것이다. 인간의 성품은 하늘에서 온 것이기 때문에 천성과 인성은 같은 것이 된다. 그래서 유학에서는 인간이 하늘로부터 물려받은 본연의 성품을 그대로 보존하여 길러내면 이상적인 인간이 될 수 있다고 말하는 것이다.

『중용』이 나오기 이전, 공자는 "하늘에 죄를 지으면 빌 곳이 없다"라고 말하면서도 또 한편으로는 "하늘이 무엇을 말하겠는가!"라고 하여, 하늘과 인간의 관계를 어떤 때는 연결했다가 또 어떤 때에는 분리해서 사고했다.

그러나 『중용』에 이르면 '하늘'은 인간의 힘으로는 어찌할 수 없는, 운명적이고 저항할 수 없는 힘을 지닌 존재로 묘사된다. 맹자는 "마음을 다하면 본성을 알고, 본성을 알면 하늘을 안다"라고 하여 하늘을 인간의 본성을 부여하는 존재로 절대화한다.

송나라 때의 성리학자들은 이 같은 도덕적 '하늘'의 범위를 넓혀서 더욱 형이상학적인 성격을 부여한다. 사람을 비롯한 만물을 낳게 한 근원, 절대적인 우주의 주재자로 규정한 것이다. 이 학문을 성리학이라고 부르는 이유는, 그들이 하늘이 만물에 부여한 것이 성(性)이고, 이 성은 우주의 근본 원리인 이(理)와 같다고 보았기 때문이다.

도덕의 하늘, 자연의 하늘

과거 동양학 관련 글을 쓸 때 출판사로부터 참고 자료로 문서를 한 장 받은 적이 있다. 이전 고등학교 교과서의 '전통사상의 인간관과 수양의 원리'라는 단원에서 발췌한 내용이 적힌 자료였는데 그 내용은 다음과 같았다.

"유학에서는 인간의 몸과 심성을 자연과 별개가 아니라, 바로 우주 자연의 원리와 성질을 담고 있는 자연의 일부분으로 파악하고 있다. 그리하여 『중용』에서는 '사람이 타고나는 것을 본성이라 하고, 타고난 본성대로 따르는 것이 도이다'라고 말했다. 이것은 인간과 자연을 같은 맥락에서 파악하는 것이다."

교과서에서 발췌한 내용이라는 걸 고려해 이 글을 검토해 보자. 먼저, '인간의 몸과 심성'이라는 표현에서는 인간을 육체와 마음으로 분리한 유학의 전통적 사유 방식을 엿볼 수 있다. 또 '자연'을 '우주 자연의 원리와 성질'로 더욱 구체적으로 표현한 것에서는 유학의 '하늘'을 우주 자연의 원리인 '이'로 대체한 성리학적 의도가 보인다.

무엇보다 『중용』의 "하늘이 명한 것을 성(性)이라 하고, 성을 따르는 것을 도(道)라 한다"라는 글귀를 "사람이 타고나는 것을 본성이라 하고, 타고난 본성대로 따르는 것이 도이다"라고 각색했다. 그래서 언뜻 보면 우주 자연의 원리에 따라서 '자연스러운 본성대로 살자'라는 도가의 주장처럼 느껴지기도 한다.

교과서의 설명은 『중용』의 사상을 매우 어정쩡하고 애매모호하게 표현했다. 글쓴이는 학생들에게 '유학에서는'이라고 전제한 것에 어울리도록 '인간이 마땅히 따라야 할 길(도)은 도덕성 회복이며, 도의 큰 근원이 하늘(우주 자연의 원리)에서 나왔음'을 밝힌 것이 『중용』의 사상이라고 설명했어야 했다.

또 교과서의 "이것은 인간과 자연을 같은 맥락에서 파악한 것이다"라는 문장은 『중용』에서 말하는 하늘을 대하는 인간의 태도에 대한 적절한 설명이 아니다. 『중용』의 하늘은 자연의 하늘이라기보다 도덕의 하늘이기 때문이다.

이렇듯 동양 고전은 한문으로 되어 있어서 맥락을 잘못 잡으면 많은 오해를 낳을 수 있다. 하다못해 한 학파 안에서도 같은 문장이 다양하게 해석되기 때문에 동양 고전을 해석할 때는 세심하게 주의를 기울여야 한다. 예컨대 『논어』의 '일흔 살에 마음이 하고자 하는 것을 좇아도 법도를 넘지 않았다'라는 내용이 있다. 여기서 말하는 '법도'는 인간 세상사의 이치를 말하는 것일까 아니면 우주의 이치를 말하는 것일까? 유가의 현실주의인 도덕 실천주의의 성격을 강조하는 사람들은 이 말을 인간이 사는 세상사의 이치를 깨달은 것이라는 의미로 받아들일 것이고, 불교와 도교를 수용해 '하늘'을 우주 자연의 원리로 대체한 송나라 시대 도학자들은 우주 자연의 원리를 깨달은 것이라고 해석할 것이다.

『중용』의 하늘이 지닌 역사

동양의 '하늘'은 탐구의 대상이자 경외의 대상으로서 철학과 종교를 탄생시킨 원천이다. 어떤 학자는 하늘과 인간의 관계를 파악하는 것만으로도 동양 사상사를 한눈에 알 수 있다고 말한다. 인간은 한편으로 하늘을 탐구해 자연과학을 발전시켰고, 다른 한편으로는 완전하게 해석할 수 없을 것만 같은 하늘의 그 무언가에 의탁해 실존의 안정감을 찾았다. 『중용』이전에 하늘 관념이 어떻게 변해왔는지를 잠시 살펴보자.

은나라 사람들은 점을 통해 조상신이나 지상신에게 기후, 재앙, 농작물의 풍흉, 전쟁 등의 성패를 물었는데 그때 '하늘'은 주술적 권위만을 가진 하늘이었다. 이때 '하늘'은 하나의 신령으로 그것이 보증하는 것은 무조건 믿고 그 허물을 탓하지도 않았다. 그런데 은나라를 정복한 주나라는 '하늘'을 통치 이념의 주요 개념(천명 사상)으로 적극 활용한다. 주나라 사람들은 은나라를 친 자신들의 행동이 '하늘'의 뜻에 따른 것이라고 말함으로써, 이제 하늘은 사람들에게 복을 내릴 수도 있고 벌을 내릴 수도 있으며 국가의 운명도 좌우할 수 있었다.

주나라가 들어서면서 '하늘'은 종교적 의미뿐 아니라 정치적 의미로 이해되었고, 그 뒤에는 두렵고도 총명한 존재이자,

보고 듣는 능력뿐 아니라 의지를 지닌 인격적 존재로 표현되기 시작한다. '하늘'은 마치 인간처럼 욕구와 의지를 지녔기 때문에 인간들의 행위를 보고 듣고 판단해 자신의 의지를 풍년, 흉년 등의 자연현상으로 표현한다. 이렇게 하늘의 의지가 표현되는 것을 '천명'이라고 했다.

그런데 이 '천명'은 덕이 있는 사람에게 가기 때문에 '천명'을 유지하기 위해 통치자는 도덕적 수양을 쌓아야 했다. '천명'을 잃으면 권력의 정당성까지도 잃는다. 그래서 천하를 다스리는 사람을 하늘의 의지를 받들었다는 뜻으로 '천자'라고 표현한 것이다.

그런데 시간이 지나 사람들은 원시적이나마 자연에 대한 과학적 이해를 시도하는 것과 더불어 주나라의 천자 또한 힘을 잃고 세상이 혼란해지자 사람들은 '하늘'을 의심하기 시작했다. 춘추전국시대에 접어들면서 사상가들은 '하늘'을 다양한 형식으로 재해석하기에 이른다. 물론 전통의 계승자임을 자처한 유학은 기존의 천명 사상을 옹호했으며, '하늘'이 덕의 근원이라는 견해를 계승하며 발전시켜나간다.

『중용』은 인간이 도덕적 실천을 통해 도덕의 근원인 '하늘'과 하나가 될 것을 강조한다. 즉 "하늘이 명한 것을 성(性)이라 하고, 성을 따르는 것을 도(道)라 하며, 도를 닦는 것을 교(敎)

라 한다"라는 말로 논의를 시작하는 점을 통해서도 이러한 『중용』의 성격을 알 수 있다.

『중용』의 하늘은 인간에게 도덕적 성품을 부여하는 근원이다. '성(性)'이란 덕의 근원인 하늘이 인간에게 부여한 본연의 성품이기 때문에 마땅히 그 도덕적 본성을 밝히는 것이 인생의 길이며, 이 길을 성실하게 가도록 하는 것이 『중용』에서 말하는 가르침(敎)이다. 『중용』이 제시한 인간의 길(道)은 하늘이 부여한 본성을 밝히는 것이고, 이 도를 크고 작은 일들 속에서 하나하나 구체화해 사람마다 실천하도록 계발하는 것이 가르침이다. 『중용』은 인간의 삶이란 하늘이 부여한 본성을 밝히는 "도라는 것에서 잠시라도 떠날(벗어날) 수 없는 것이다"라고 강조한다. 언제 어디서나 크고 작은 일을 불문하고 따라야 할 도리와 이치가 '도'라고 한다면 '가르침'은 이 도를 모든 일을 하나하나 구체화해 각자 실천하도록 하는 것이다.

동양의 군자와 서양의 슈퍼맨

인류가 위기를 맞는 순간 어디선가 나타나는 동양과 서양의 영웅, 군자와 슈퍼맨의 차이는 무엇일까?

하늘의 명을 받고 태어난 군자와 태어날 때부터 이상적인 능력을 지닌 슈퍼맨은 인류 구원의 사명을 띠고 태어났다는 점에서 별 차이가 없다. 군자가 내면의 수양을 쌓아 가르침을 펴는 인물이라면, 슈퍼맨은 어떻게 그런 능력을 지니게 되었는지 모르지만 어쨌든 능력을 부여받아서 인류를 구원하는 인물이다.

서양의 슈퍼맨은 이미 최상의 능력을 부여받은 상태로 스크린에 등장해 난처한 곤경에 처한 사람을 아무런 대가 없이 구해주고 사라진다. 오른손이 하는 일을 왼손이 모르게 하라고 해서 그럴까? 그냥 도와주고 떠나면 그만이다. 악의 세력을 물리친 데 대해 큰 대가를 바라지 않는다는 점에서 슈퍼맨의 정신은 매우 훌륭하다고 할 수 있다.

반면 동양의 군자는 슈퍼맨과 차원이 다르다. 군자는 자신이 구원한 세상을 직접 이끌고 나가야 하기(수기치인, 극기복례) 때문이다. 동양의 군자는 백성들을 구원할 능력을 얻기까지 끊임없이 수양하고, 세상을 다스리는 일을 그 대가로 받지만 대가를 누리는 것 또한 쉽지만은 않다. 슈퍼맨은 악을 물리친 뒤 세상에 묻혀 살면 그만이지만, 군자는 그 후로도 끊임없이 솔선수범하며 백성을 교화해야 하기 때문이다.

『중용』은 군자의 삶에 대해 이렇게 말한다.

도라는 것은 잠시라도 벗어날 수 없는 것이다. 만약 벗어날 수 있다면 도가 아니다. 그러므로 군자는 보이지 않는 곳에서 더욱 경계하고 신중하며, 들리지 않는 곳에서 더욱 무서워하고 두려워하는 것이다.

감추어진 곳에서 더 잘 나타나고, 사소한 곳에서 더 잘 드러난다. 그래서 군자는 혼자 있을 때를 경계한다.

이렇듯 동양의 군자는 항상 공경함과 두려워함을 마음속으로 잊지 않으며 비록 남들이 보고 듣지 않을 때라도 감히 소홀히 할 수 없는, 진실한 수양만을 자기 삶의 목표로 삼는 도덕적 존재이다.

서양의 슈퍼맨은 선과 악이 분명한 상황에서 악을 물리치는 주인공이지만, 동양의 군자가 맨 처음 극복해야 할 대상은 하늘로부터 부여받은 품성을 가리고 있는 내부의 욕망이다.

기뻐하고 노하고 슬퍼하고 즐거워하는 정이 아직 나타나지 않은 상태를 중(中)이라 이르고, 나타나서 모두 절도에 맞는 것을 화(和)라 이른다. 중이란 천하의 큰 근본이요, 화란 천하의 공통된 도이다. 중과 화를 이루면 천지가 제자리를 잡고,

만물이 잘 길러질 것이다.

『중용』은 천지와 만물이 본래 나와 한 몸이었기 때문에 내 마음이 바르면 천지의 마음도 바르고, 내 기운이 순하면 천지의 기운도 순하게 된다고 말한다. 슈퍼맨은 악을 제거하는 것으로 임무를 완수하지만, 군자는 거기에서 그치는 것만이 아니라 '중'과 '화'를 이루어 천지 만물을 조화롭게 기르는 하늘의 일에도 직접 동참하는 것이다.

군자의 중용

10의 절반이 6이라고?

10의 반은 얼마일까? 나는 10의 반이 0이 될 수도 있고 1, 2, 3, 4, ……, 10이 모두 10의 반이 될 수 있다고 생각한다. 도대체 무슨 말을 하려는 건지 이상하다고 생각하는 독자들이 있을 것이다. 『중용』에 따르면 10의 반은 5일 수도 있고 5가 아닐 수도 있으며, 때에 따라 0이 될 수도 있고 1, 2, ……, 10이 될 수도 있다.

이른바 '중용'이란 언제 어디서나 가장 타당한 입장에 서는 군자의 태도를 말한다. 중용은 중간이라는 의미보다 중심 또는 균형을 맞춘다는 뜻으로, 널뛰기를 하면서 널판의 균형을 잡는 일을 생각하면 무엇을 말하고자 하는지 이해가 빠를 것이다. 널뛰기할 때 두 사람의 체중 차이가 큰 경우에는 널판의 중심을 한쪽은 길게 하고 한쪽은 짧게 해서 균형을 맞춰 놀이를 진행한다.

또 다른 예를 하나 들어보자. 나에게 1,000원이 생겼는데 그걸 다른 두 사람에게 나누어주어야 한다면 어떻게 해야 할까? 상황을 분석할 줄 아는 균형 의식을 가진 사람이라면 아마 400원을 가지고 있는 사람에게는 600원을 주고, 600원을 가지고 있는 사람에게는 400원을 줄 것이다. 즉 상황에 따라 1,000원의 반이 400원이 될 수도 있고 600원이 될 수도 있다는 뜻이다. 이것이 바로 군자가 중용을 실천하는 모습이다.

즉 중용의 원리는 인간관계 속에서 상황에 따라 서로간의 의견이나 이해를 조정하는 군자의 실천 윤리라고 할 수 있다. 만약 소인이 정치를 한다면 상황을 고려하지 않고 기계적으로 500을 나누어주거나 아니면 자기의 이해관계나 친분에 따라 나누어줄 가능성이 크다. 이렇듯 1,000의 반은 500이라는 생각에 얽매이지 않고 상황에 맞는 가장 합당한 의견을 내는 것이 군자의 중용이라 할 수 있다. 『중용』에 소개된 공자가 중용에 대해 언급한 말을 소개해본다.

> 군자는 중용을 실행하고 소인은 중용을 어긴다. 군자가 중용을 실행하는 것은 군자로서 때에 알맞게 하는 것이고, 소인이 중용을 어기는 것은 소인으로서 아무런 거리낌 없이 하는 것이다.

그러나 이 같은 중용의 도가 실행되기가 어려웠는지 공자는 이렇게 한탄한다.

> 중용의 도가 행해지지 못하는 이유를 내 알았다. 지혜로운 사람은 지나치고 어리석은 사람은 미치지 못하기 때문이다. 중용의 도가 밝아지지 못하는 이유를 내 알았다. 어진 사람은 지나치고 어질지 못한 사람은 미치지 못하기 때문이다. 사람들은 모두 다 먹고 마시지만 그 참맛을 아는 이는 드물다.

유학에서는 '중용'을 일을 처리하는 과정에서 '치우치지 않고 기울지도 않으며', '지나침이 없고 모자람도 없는' 최고의 도덕 표준이라고 본다. 그리고 이 같은 도덕적 능력은 덕을 쌓는 수행을 통해 배양된다고 한다.

> 성이란 힘쓰지 않아도 상황에 맞으며, 생각하지 않아도 얻게
> 되고, 조용히 정도에 맞는 것이니 바로 성인이 갖춘 덕이다.

『중용』의 이 말에서 알 수 있듯이, 때에 맞게끔 일을 처리
하는 중용의 능력은 덕에서 비롯된다고 본다.

그런데 현대 중국의 대표적인 학자이자 문호인 루쉰(魯迅,
1881~1936)은 유학의 중용 사상을 다음과 같이 신랄하게 비판
한다.

> 타성이 드러나는 방식은 여러 가지지만, 그 가운데 가장 보편
> 적인 것은 첫째가 하늘을 믿고 운명에 맡기는 것이며, 둘째가
> 중용이다.

루쉰이 이렇게 비판한 것은 '중용' 사상이 후대로 가면서
이것도 옳고 저것도 옳다는 식의 양시양비(兩是兩非) 태도나 타
협과 절충주의, 그리고 진취적이지 못한 운명론이나 보수적인
논리로 사용되는 폐해가 컸기 때문은 아닐까?

순 임금의 중용

공자는 오랫동안 중용의 도리를 지키면서 살아가는 사람들이 많지 않다고 한탄한다.

중용은 참 지극한 도리이다. 그러나 백성들이 중용을 오래도록 지속하는 경우는 드물다.

사람들은 누구나 '나는 지혜롭다'라고 말한다. 그러나 그들은 그물이나 덫이나 함정에 몰아넣어도 피할 줄을 모른다. 사람들은 누구나 '나는 지혜롭다'라고 말한다. 그러나 그들은 중용을 골라서 채 한 달도 지켜내지 못한다.

공자는 스스로 지혜롭다고 여기며 잘난 척하는 사람들도 중용을 실천할 정도의 도덕적 능력을 갖추기란 매우 어려운 일이라고 평가한다. 그러면서 중용의 도를 삶 속에서 꾸준히 실천한 인물로 순 임금과 자신의 수제자인 안회(顔回, 기원전 521?~491?)를 꼽는다.

순 임금은 중국 역사에서 효성과 우애가 지극하기로 명성이 높은 인물이다. 순은 생모가 일찍 죽고 아버지와 계모 밑에서 온갖 학대를 받으면서도 항상 효도하는 마음을 잃지 않고 지극정성을 다해 모셨다. 세상 사람들은 이러한 순의 모습을 칭송했고 순의 명성이 당시 왕인 요의 귀에 들어가자, 요는 순을 자기 딸과 결혼시켜 사람됨을 시험하고 3년 뒤에 국사를 맡겼다. 그리고 나중에 요는 왕위를 순에게 물려준다. 왕위를 계승한 순 임금은 '하늘을 본받고 민의에 따른[法天順民]' 정치를 했으며, 중용의 도덕으로 정치적 이해관계를 해결했다고 전해진다.『중용』에서는 공자의 말을 빌려 순 임금이 정치적으로 실천한 중용의 내용을 말하고 있다.

순 임금은 큰 지혜를 지닌 분이다. 순 임금은 묻기를 좋아하고, 비근한 말을 살피기를 좋아하며, 나쁜 점을 숨기고 좋은 점을 드러내며, 두 끝을 붙잡아 그 중간을 백성들에게 쓰니, 그 때문에 순 임금이 되신 것이다.

공자가 순 임금을 큰 지혜를 지닌 인물이라고 한 것은, 자신의 지혜를 쓰기보다는 다른 사람의 생각을 존중할 줄 알았기 때문에 독단에 빠지지 않았고, 늘 민심을 살피면서 사소한 여론이라도 그냥 지나치는 법 없이 정치에 반영했기 때문이다. 또 순 임금은 백성들을 다스릴 때 나쁜 점은 감춰주고 좋은 점은 드러내서 격려했다고 한다. 백성들 사이에서 극단적으로 의견이 대립하거나 이해가 부딪치는 상황이 생겼을 때는 양쪽의 의견을 모두 존중하면서 합리적으로 조정하는 중용의 방법을 사용했다고 한다.

순이 양쪽 모두를 만족시킨 중용의 방법은 무엇일까? 아마도 순은 서로가 상대방의 의견을 존중하며 서로 이익이 될 수 있는 공통분모를 찾도록 권고했을 것이다. 요즘 말로 '윈윈' 정책이라고나 할까? 순의 중용은 서로 이익이 대립하는 관계를 균형 잡힌 시각에서 처리하는 정치 능력이라고 할 수 있다.

안회의 중용

순 임금이 정치에서 중용의 도를 꾸준히 실천한 인물이라면, 안회는 개인의 삶 속에서 중용의 도를 꾸준히 실천한 인물이라고 할 수 있다. 공자는 항상 제자들을 냉정하게 평가해 독려했던 사람이다. 제자 자공(子貢)이 자장(子張)과 자하(子夏)에 대해 평가해달라고 했을 때, 공자는 자기를 내세우기를 좋아하는 적극적인 성격을 가진 자장에게는 '지나치다', 문장과 지식이 뛰어나지만 구도적이지 못한 자하에게는 '미치지 못한다'라고 평가하면서 '지나침과 모자람이 없는' 중용의 태도를 강조한다.

공자는 자신에게도 "천하나 국가를 잘 다스릴 수 있고, 벼슬이나 녹봉을 사양할 수 있고, 시퍼런 칼날을 밟을 수도 있다. 하지만 중용은 잘할 수가 없다"라고 하여 스스로 중용의 어려움을 토로한다. 그런데 이런 공자에게서 중용을 실천한다고 인정받은 제자가 바로 안회다.

『논어』에는 공자가 제자 안회를 얼마나 사랑하고 아꼈는지를 보여주는 이야기가 여러 번 나온다. 공자는 무엇 때문에 안회를 그토록 사랑하고 그의 능력을 인정했을까?

순 임금과 달리 안회가 정치적 능력을 발휘했다는 기록은 없다. 안회는 공자의 "중용을 제대로 실행할 수 있는 사람이 드문 지 오래다"라는 한탄에 포함되지 않은 유일한 제자로, 일상생활에서 중용의 도리를 실천하는 동시에 자기 수양에서 거의 완벽한 인물이라고 전해진다. 안회는 가난한 생활에도 도를 즐기고, 학문하기를 좋아하고, 어떤 좋지 않은 일이 생겨도 남에게 화풀이하지 않았으며, 같은 잘못을 두 번 되풀이하지 않았다고 한다. 『논어』에서 공자는 자기보다 서른 살 아래인 제자 안회의 안빈낙도(安貧樂道)하는 삶에 대해 이렇게 칭찬한다.

어질도다, 회여! 한 대그릇의 밥과 한 표주박의 물로 끼니를 이으면서 누추한 곳에 사는데, 다른 사람들 같으면 그 어려움을 감당할 수 없거늘 안회는 그 즐거움을 고치려 하지 않으니 어질다, 회여!

게다가 공자는 자신과 안회만이 오직 세상이 쓰고자 하면 나아가 그 도를 행하고 세상이 알아주지 않으면 물러나 도를 수양할 수 있는 사람이라고 평가했다니, 공자가 안회를 얼마나 사랑하고 그 능력을 인정했는지 알 수 있을 것이다.

내가 안회와 같이 하루 종일 학문을 이야기해도 그는 내 말에 의견을 내지 않고 묵묵히 듣기만 한다. 그래서 꼭 어리석은 사람처럼 보였지만 그 후 안회의 생활을 지켜보니, 내가 말한 것들을 발전시켜 실천하곤 한다. 안회는 어리석지 않도다.

또 『중용』에서 공자는 안회의 도덕적 실천을 이렇게 평가한다.

안회의 사람됨은, 중용을 골라서 한 가지 착한 것을 얻으면 그것을 가슴속에 간직하여 늘 잃지 않았다.

안회가 이렇게 중요한 인물로 평가된 점을 볼 때, 유학의 강조점은 자기 수양에 있다는 것을 알 수 있다. 『논어』의 "자기를 극복하고 예를 회복한다"라는 말이 그렇고, 『대학』의 "천자로부터 서인에 이르기까지 하나같이 자신을 수양하는 것을 근본으로 삼는다", "도는, 밝은 덕을 밝힘에 있고, 백성을 새롭게 함에 있다"라는 말들이 그렇다.

공자가 통치자들에게 도덕적 자질을 갖출 것을 끊임없이 역설하면서도 주나라에서 유래한 통치 질서나 신분 질서를 이상적이라고 생각한 것을 보더라도, '도덕적 수신'을 천하를 경영하는 '정치 행위'보다 더 중요하게 생각했다는 것을 알 수 있다. 『중용』에서는 이것을 가리켜 이렇게 말한다.

군자는 중용을 따라, 세상에 은둔하여 인정을 받지 못해도 후회하지 않는다. 이것은 오직 성자만이 할 수 있는 것이다.

무인이어서 강한 것에 관심이 많던 제자 자로가 군자의 '굳셈'에 대해 공자에게 묻자 공자는 다음과 같이 대답한다.

자네가 말하는 것이 남쪽 지방 사람들의 굳셈인가, 북쪽 지방 사람들의 굳셈인가, 아니면 자네의 굳셈인가? 너그럽고 부드

공자의 제자

공자의 문하에는 6경(六經)에 통달한 제자만 해도 70명에 이르렀는데 이들을 가리켜 '칠십자(七十子)'라고 한다. 또한 『사기』 「중니제자열전」을 보면 공자의 제자들을 성문(聖門)의 사과(四科)라고 하여 분류하는데 사과란 덕행, 정사, 언어, 문학 분야를 말한다. "공자는 '나에게 가르침을 받고 육예(六藝)에 통달한 제자가 77명이다'라고 하는데, 그들은 모두 다 특별한 능력을 소유한 인물들이다. 그중에서 덕행(德行)에는 안회, 민자건, 염백우, 중궁, 정사(政事)에는 염유, 자로, 언어(言語)에는 재아, 자공, 문학(文學)에는 자유, 자하가 특별히 뛰어났다"라고 기록한다. 위의 네 분야에서 출중한 역량을 지닌 열 명의 제자를 가리켜 '공문십철(孔門十哲)'이라 일컫는다. 그중 공자가 가장 아끼던 제자 안회는 스승인 공자보다도 먼저 세상을 떠났고, 공자의 사상을 후세에 널리 전한 인물은 증자와 자궁이라 전해진다. 증자는 공자의 손자인 자사를 가르치고 자사는 다시 맹자를 가르쳤으니, 증자의 가르침은 맹자로 이어지고 자궁의 가르침은 순자로 이어졌다고 한다.

러운 마음으로 가르치고 무도한 일에도 앙갚음을 하지 않는 것이 남쪽 지방 사람들의 굳셈인데, 이것은 군자가 실천할 만한 일이다. 창을 들고 갑옷을 입고 싸우다가 죽어도 후회하지 않는 것은 북쪽 지방 사람들의 굳셈인데, 이것은 강인한 사람이 실천할 만한 일이다. 따라서 군자의 굳셈이란 다음과 같다. 조화를 이루면서도 휩쓸리지 않는 것이 굳센 것이다. 중심에 서서 편중되지 않는 것이 굳센 것이다. 좋은 세상을 만나 출세해도 곤궁할 때의 마음을 잃지 않는 것이 굳센 것이다. 혼란한 세상을 만나 죽음이 닥치더라도 마음이 흔들리지 않는 것이 굳센 것이다.

도는 무엇일까

도는 거시기다

도심의 거리를 걷다 보면 "도를 아십니까?" 하고 말을 거는 사람들을 한 번쯤 경험해본 적이 있을 것이다. 그럴 때마다 나는 속으로 '아니, 내가 지금 길을 가고 있는데 왜 길을 아느냐고 묻는 거야?' 하고 빈정거렸다.

'도'란 말 그대로 '다니는 길'을 의미한다. 그래서 인간이 다니는 길을 인도, 하늘이 다니는 길을 천도라고 말한다. 그런데 '길 도(道)' 자를 보면 걸어다니는 다리에 '머리 수(首)'가 올라가 있다. '수'는 머리로 생각한다는 뜻이다. 따라서 어원으로 보면, '도'란 인간이 살아가면서 생각하는 길을 의미한다. 그래서 하늘이 사람처럼 의지를 지니고 있다고 본 옛사람들이 '천도'니 '천명'이니 하는 말을 쓴 것이다.

그러니까 거리에서 말을 건 그 사람은 자기가 걸어본 길이 너무 좋아서 혼자만 누릴 수 없다는 생각에 나에게 "내가 걸었던 좋은 길을 알려드릴까요?" 하고 권한 것이거나, 아니면 "당신이 지금 걷는 길이 올바르다고 생각합니까?"라고 물어본 것이다.

'도'는 후대로 오면서 그 길의 방식이나 양식, 법칙 또는 그 길의 이치, 진리, 본체, 원리 같은 의미를 파생시킨다. 그래서 동양의 철학자들은 자신들이 말하고자 하는 인간과 자연의 진리, 이치를 '도'라고 표현한 것이다. 이렇게 보면 그 '거리의 전도사'는 제게 "세상 돌아가는 이치를 아십니까?", "내가 생각하는 진리를 당신에게 알려드릴까요?" 한 것이다.

'도'가 무엇인지 생각하기 까다로우면 영화 〈황산벌〉에 나오는 계백 장군의 단골 용어 '거시기'라고 이해하면 된다. 영화에서 계백이 결사 항전 의지에 불타서 내뱉은 "죽기를 거시기 하자"라는 말은 죽기를 각오한 생사의 문제에 답을 내린 것이고, "적을 물리칠 때까지 갑옷을 거시기 하자"는 갑옷을 벗지 않는다는 목표를 이루기 위한 각 개인의 행동 준칙을 밝힌 것이고, "너희들 각자가 맡은 바를 거시기 하라"는 적을 물리칠 때까지 스스로 몸과 마음을 어떻게 무장해야 할지에 대한 도덕 실천의 과제를 부여한 것이고, "적은 지금 거시기 하니 거시기 해라"는 외부의 객관적인 대상을 인식하고 그것에 따라 어떻게 대처해야 하는가의 방법을 제시한 것이라고 할 수 있겠다.

여기서 '거시기'는 범위가 매우 넓어서 모든 사물에 적용되면서도, 모든 사물의 이치를 하나로 꿰뚫고 있는 것이라고 할 수 있다. '도' 또한 마찬가지이다. '도'란 동양의 철학자들이 어떤 상황에도 적용할 수 있고 어떤 문제도 해결할 수 있다고 생각한 해답이자 진리를 말한다.

가깝고도 먼 『중용』의 도

『중용』의 도 또한 세계 만물을 꿰뚫고 있는 이치이다. 그것은 천지 만물이 존재하는 공통의 본질이면서, 크고 작은 사물이 생명을 누리는 이치이기도 하다. 또 어떨 때는 사람을 다스리는 방법이나 사람을 사귀는 행동의 원리가 되기도 한다. 『중용』은 이렇게 말한다.

군자의 도는 널리 쓰이면서도 은밀한 것이다. 부부의 어리석은 수준에서도 다 알 수 있는 일이라 해도 그 지극한 데에 이르면 성인도 알기 어려운 점이 있다. 부부의 못난 수준에서도 다 실천할 수 있는 일이라 해도 그 지극한 데에 이르면 성인도 실천하기 어려운 점이 있다. 천지가 그토록 커도 사람들은 오히려 만족하지 못하는 점이 있는 것이다. 그러므로 군자의 도란 크기로 말하면 천하에도 실을 수 없을 만큼 큰 것이지만, 작기로 말하면 천하에 더 쪼갤 수 없을 만큼 작은 것이다.

즉 도란 가깝게는 평범한 사람들이 생활 속에서 쉽게 실천할 수 있는 것이며, 반면 또 한편으로 그 지극한 경지에 이르면 성인이라 해도 알고 실천하기가 어렵다는 의미이다. 그러나 그 은밀한 도를 실천하는 방법은 있다.

우리같이 평범한 사람이 성인도 이해하기 어렵다는 지극한 경지를 깨닫는다는 것은 현실적으로 불가능해 보이기도 한다. 하지만 『중용』에서는 '군자의 도란 부부간의 평범한 삶에서 발단하여 이루어지는 것이니, 평범한 세계라 할지라도 지극한 데에 이르면 하늘과 땅에 꽉 들어차 빛나는 것'이라고 말하고 있다. 멀고 높은 곳을 바라보는 것이 아니라 구체적인 삶의 문제를 정성껏 탐구하고 실천하는 것에서 도를 실현할 수 있다는 의미이다. 이에 대해 『중용』은 이렇게 말한다.

군자의 도는 먼 곳에 갈 때 반드시 가까운 데서부터 출발하는
것과 같고, 높은 곳을 올라갈 때 반드시 낮은 데서부터 출발
하는 것과 같다.

충과 서는 도와 멀리 떨어져 있지 않다. 자기가 원하지 않는
일은 남에게도 하지 말라는 것이다.

『시경』에 "도낏자루를 베네. 도낏자루를 베네. 그 법이 멀
리 있지 않다네"라는 시가 나온다. 공자는 이 시를 두고 "도는
사람에게서 멀지 않은데, 도를 실천한다고 하면서 멀리서 찾는
다면 그것은 도라고 할 수 없다"라고 풀이한다. 사람들은 이미
자기 손에 도낏자루가 들려 있는데 도끼로 나무를 베면서도 도
낏자루를 어떻게 만드는지 몰라 이리저리 궁리한다는 뜻이다.

『중용』은 "솔개는 (훨훨) 날아서 하늘에 이르지만 물고기는
못에서 (팔짝팔짝) 뛴다"라는 『시경』의 시를 인용해 도를 실천하
는 방법을 암시한다. 솔개와 물고기처럼 각자 자신의 위치에서
타고난 본성에 맞게 생을 누리는 것이 바로 중용의 도라는 것
이다. 그러므로 군자의 도는 '부부 간의 평범한 삶에서 발단해
이루어지는 것이니, 평범한 세계라 할지라도 지극한 데에 이르
면 하늘과 땅에 꽉 들어차 빛나는 것'이다.

도를 실천하는 방법에 대해서 『중용』에 인용된 공자의 말을 통해 살펴보자.

군자의 도가 네 가지 있는데, 나는 그 가운데 한 가지도 잘할 수 없었다. 자식이 내게 이랬으면 하는 것을 가지고 부모를 섬겨야 하는데, 그것을 잘할 수 없었다. 신하가 내게 이랬으면 하는 것을 가지고 군주를 섬겨야 하는데, 그것을 잘할 수 없었다. 동생이 내게 이랬으면 하는 것을 가지고 형을 섬겨야 하는데, 그것을 잘할 수 없었다. 친구가 내게 이랬으면 하는 것을 가지고 내가 먼저 친구에게 베풀어야 하는데, 그것을 잘할 수 없었다. 이처럼 일상적인 도덕을 실천하고 평소에 말을 신중하게 하는 데에 부족한 점이 있으면 열심히 노력해서 보충하고, 여유가 있으면 다함이 없도록 해야 한다. 말이 행동을 돌아보고 행동이 말을 돌아보는 것이니, 군자가 어찌 독실하게 하지 않을 수 있겠는가?

이처럼 『중용』은 일상생활에서 도를 실행하는 구체적인 방법으로, 말과 행동이 맞는지 항상 반성하고, 부모에게 효도하고, 군주에게 충성하고, 형제간에 우애하고, 친구와 신의를 지키며 덕행을 쌓는 것을 제시한다.

지극한 정성됨은 쉼이 없다

앎의 윤리적 실천

우리나라는 해방 후 지금까지 수십 년 동안 정치적으로 많은 혼란을 겪었다. 학생 시절에 혁명이라고 배웠던 사건이 신간이 흐른 뒤 법정에서 불법 쿠데타라고 판결된 일도 있었다. 그런데 예전에 혁명이라고 여겼던 일에 대해 새로 쿠데타라는 판결이 내려졌다면, 그때 혁명인 줄만 알고 최선을 다해 자신이 맡은 일을 열심히 수행한 일부 사람들의 '정성됨'은 어떻게 평가해야 하는 걸까? 또 그때는 그럴 수밖에 없었고 그것이 최선이었다는 변명은 과연 정당성이 있는 것일까?

불법 쿠데타를 혁명인 줄로 알고 정성을 다해 참여한 사람들에게도 분명히 죄가 있다. 그것은 바로 '역사의 무지'라는 죄이다. 그럼,『중용』을 통해 무지한 정성됨이 왜 죄가 되는지를 생각해보자.

『중용』은 정치의 속성을 다음과 같이 이야기하며 정치인의 도덕적 수양을 강조한다.

> 사람의 도는 정치에 빠르게 나타나고 땅의 도는 나무에 빠르게 나타나니, 정치의 효험은 쉽게 자라는 갈대와 같다.

이처럼『중용』은 정치의 성패를 가늠하는 잣대가 정치인의 도덕적 인격과 자질에 의해 좌우된다고 본다.

또 공자는 훌륭한 정치가가 되기 위한 자기 수양의 방법으로 관찰하고 배움을 좋아하는 '지(知)', 힘써 사람의 도리를 행하는 '인(仁)', 부끄러움을 아는 '용(勇)'의 세 가지 덕목을 제시한다.

공자는 "배우기를 좋아하는 것은 지에 가깝고, 힘써 실천하는 것은 인에 가깝고, 부끄러움을 아는 것은 용에 가깝다"라고 말했다. 이 세 가지를 알면 몸을 닦는 방법을 알고, 몸을 닦는 방법을 알면 남을 다스리는 방법을 알며, 남을 다스리는 방법을 알면 천하와 국가를 다스리는 방법을 알게 된다.

『중용』에도 『대학』에서 보았던 '수기치인'의 논리가 나타나고 있다. 『중용』은 "널리 배우며, 살펴서(자세히) 물으며, 신중하게 생각하고, 명확히 분별하며, 독실하게 행하라"라고 말한다. 이 말에 따르면 쿠데타에 동조한 정성됨이란 널리 배우지 않았고, 자세하게 살펴서 묻지도 않았고, 신중하게 생각하지도 않았고, 시비를 명확히 분별하지 못했고, 이러한 덕목들을 독실하게 실천하지 않은 무지한 성실함이라고 할 수 있을 것이다.

사람들은 각자의 생각과 판단에 따라 모든 일을 한다. 『중용』은 그 생각과 판단의 윤리적 정당성을 묻고 있다. 그 판단 기준은 '널리 배우며, 살펴서(자세히) 물으며, 신중하게 생각하며, 명확히 분별하며, 독실하게 행하는' 과정을 통해 검증되어야 한다는 것이다.

지성이면 감천

철이 들고 나서 느끼는 어머니의 존재는 정성됨 그 자체이다. 자식에 대한 어머니의 마음은 항상 기도를 드리는 모습인데 어머니는 그것도 모자라서 또 지성을 드리러 간다고 하며 교회나 절에 가서 정성을 들이고 기도를 하신다. 다른 대상에게 정성을 다하는 것 말고도 부모가 가족을 위해 밥 짓고 빨래하고 청소하는 것, 직장에 나가서 열심히 일하는 것도 하나의 기도라고 할 수 있다.

『중용』에서 지성을 드리는 대상은 앞서 살펴보았듯이 하늘이다.

> 정성됨은 하늘의 도이고, 정성되려고 노력하는 것은 사람의 도이다. 정성된 사람은 애쓰지 않아도 도에 맞으며, 생각하지 않아도 알게 되어 저절로 도에 적중하니, 이가 곧 성인이다. 정성되려고 노력하는 사람은 선을 택해서 굳게 붙잡는 사람이다.

유학에서 성인은 사람의 도인 정성되려는 노력의 정점에 선 사람이다. '애쓰지 않아도 도에 맞고, 생각하지 않아도 잘해서 저절로 도에 적중하므로' 성인이라고 부르는 것이다.

성인에 이르러 하늘의 도와 인간의 도는 하나가 된다. 『중용』의 '지극히 정성됨(지성)'이란 자기의 도덕적 본성을 회복하는 것과 동시에 다른 사람의 본성, 사물의 본성까지도 회복해주는 경지를 말한다. 곧 성인은 자신에게 내재한 선을 밝히는 지성을 통해 다른 사물의 본성을 회복하고 심지어는 천지 만물을 잘 기르도록 돕게 되어, 천지와 나란히 서게 되는 것이다.

오로지 천하의 지극한 정성됨이라야 본성을 다 발휘할 수 있다. 자신의 본성을 다 발휘할 수 있으면 남들의 본성도 다 발휘하도록 할 수 있고, 남들의 본성을 다 발휘하도록 할 수 있으면 사물의 본성도 다 발휘하도록 할 수 있다. 이렇게 사물의 본성을 발휘하도록 할 수 있으면 자연이 만물을 기르는 일을 도울 수 있다. 자연이 만물을 기르는 일을 도울 수 있으면 하늘, 땅과 더불어 나란히 설 수 있다.

위대하구나, 성인의 도여. 드넓은 덕으로 충만하게 만물을 자라게 하니, 그 위대함이 하늘에 닿았구나.

이처럼 『중용』의 '지성'은 인간, 하늘, 땅의 원리를 하나로 연결해주는 개념이다. 따라서 이 '정성됨'의 원리를 터득한 성인은 인간, 하늘, 땅의 이치를 모두 통찰할 수 있어서 만물의 자람을 도울 수 있다.

『중용』은 '지성'의 도는 미래의 일도 예측할 수 있다고 말한다.

> 지성의 도는 일이 닥쳐오기 전에 미리 알 수 있다. 국가가 장차 흥성하려면 반드시 좋은 조짐이 있으며, 국가가 장차 망하려면 반드시 흉한 조짐이 있다. 그 조짐은 시초점(풀줄기를 이용해서 치는 점)과 거북점(거북의 껍데기를 가지고 치는 점)에 나타나며, 사지의 움직임으로도 나타난다. 화와 복이 장차 이르려고 할 때, 좋을 것을 미리 알고 좋지 못할 것을 미리 알기 때문에 지성은 신(神)처럼 신통하다.

좀 신비하게 느껴지는 글이라는 생각이 들 것이다. 중국 고대의 정치는 조상신에게 제사 지내는 종묘 의례나 종교와 매우 밀접한 관련이 있었으므로 이런 표현이 나온 것이며, 그리고 '신'은 자연의 여러 신을 가리키는 말이다. 참고로 '귀신'이란 말은 죽은 자의 영혼을 뜻하는 '귀'와 천지 만물의 정령들을 뜻하는 '신'을 합친 단어이다. 현실 사회에서 예치를 중시한

중국의 점복

점복이란 미래에 일어날 변화와 길흉을 예측하기 위해 거북 껍데기, 짐승 뼈, 시초, 대나무 등을 이용해 점을 치는 것이다. 『예기』「곡례」에는 백성들에게 귀신을 경배하고 법령을 두려워하게 하는 수단으로도 점복을 사용했다고 기록되어 있다. 옛날에 점은 정치와 밀접한 연관이 있었으므로 점을 치는 종류에 따라 이것을 전담하는 태복, 구인, 복사, 정인, 점몽 같은 관직이 있었다.

공자는 '괴이한 일, 힘쓰는 일, 어지러운 일, 신비한 일'에 대해 말하지 않았다고 한다. 또 제자인 자로가 귀신 섬기는 일을 묻자 공자는 "사람도 잘못 섬기는데 어찌 귀신을 섬길 수 있겠느냐"라고 대답한다. 유가의 경우 귀신의 존재에 대해서는 대체로 인정하지 않으면서도 또 한편으로 고대 문화 전통을 계승해 정성을 나타내는 방식으로 귀신에게 공경의 예를 갖추었다. 아무튼 『중용』의 '정성됨'은 인간에게 하늘, 땅과 짝하게 하는 실천 원리이다.

정성됨: 끝없는 노력

지금까지 살펴본 『중용』의 '정성됨'은 만물을 화육하기 위해 잠시도 쉬지 않는 자연을 본받아, 자기 수양을 위해 쉼없이 노력하는 자세를 말한다. 스스로 쉬지 않고 노력해서 뜻을 이루는 것, 그것이 바로 정성됨이라 할 수 있다.

> 정성됨이란 스스로 이루어지는 것이고 도는 스스로 실천해야 하는 것이다. 정성됨은 사물의 시작이자 끝이니, 정성됨이 없으면 어떤 것도 없게 된다. 그래서 군자는 정성됨을 소중하게 여긴다.

지극한 정성됨은 쉼이 없다. 『중용』에서 '정성됨'을 뜻하는 한자는 "그 사람은 참 성실해요" 할 때의 성(誠)이다. 물론 『중용』의 정성됨은 타고난 도덕성을 온전하게 발휘하기 위해 한 치의 빈틈도 없이 성실하게 정진하는 것을 말하지만, 이것은 자기 수양만이 아니라 공부든 운동이든 예술이든 사업이든 자기가 마음먹은 일을 최고 수준으로 이루려는 사람에게 다 적용되는 진리이다.

이전에 우연히 인터넷에서 유명한 발레리나의 발을 보았다. 나비처럼 아름답게 춤을 추는, 사람의 발이라는 생각이 들지 않을 정도로 상처 입고 뒤틀린 모습이었다. 그 발의 상처는 쉼없는 연습과 훈련의 흔적이다. 요리사를 꿈꾸든 헤어디자이

너를 꿈꾸든 프로게이머를 꿈꾸든 자신의 분야에서 스스로 만족하고 자신의 꿈을 성취하려면 방법은 단 한 가지인데『중용』에서는 그것을 각자가 목표를 뚜렷하게 정하고 쉼없이 '정성되게' 노력하는 것뿐이라고 말한다. 성취하고자 하는 목표의 성공과 실패 여부는 외부의 요인보다는 자신의 노력에서 비롯한다는 것이다.『중용』에서 제시한 공부 방법을 한번 살펴보자.

> 배우지 않는다면 모를까, 일단 배우기로 했으면 능통하기 전에는 그만두지 않는다. 묻지 않는다면 모를까, 일단 묻기로 했으면 제대로 이해하기 전에는 그만두지 않는다. 생각하지 않는다면 모를까, 일단 생각하기로 했으면 확실히 답을 얻기 전에는 그만두지 않는다. 분별하지 않는다면 모를까, 일단 분별하기로 했으면 분명해지기 전에는 그만두지 않는다. 실천하지 않는다면 모를까, 일단 실천하기로 했으면 독실해지기 전에는 그만두지 않는다. 남이 한 번에 성공하면 나는 백 번을 하고, 남이 열 번에 성공하면 나는 천 번을 한다. 과연 이러한 방법에 능통해진다면, 아무리 어리석은 사람이라도 지혜롭게 되며 아무리 힘없는 사람이라도 강해진다.

성인, 과거에서 답을 찾다

역사 드라마를 보면 이따금 왕과 신하가 의견이 맞지 않아 논쟁하는 장면이 나온다. 그때 일반적으로 신하들이 쓰는 화법은 대체로 이렇다.

"성군이셨던 선대왕 아무개께서는 이런 경우에 이렇게 처리하셨습니다."

이런 식으로 어떤 경우에는 강하게, 어떤 경우에는 완곡하게 왕에게 압력을 행사하곤 한다. 왕은 이와 같은 신하들의 화법에 때로는 무기력하다 싶을 정도로 무너진다. 그 이유는 신하들이 선대왕을 빙자해 자기 주장을 펴는데 왕이 그것에 반대 입장을 고집하면 조상에게 불효하는 것이 되고, 또 성군으로 칭송된 이전의 왕들과 다른 판단을 내린다면 스스로 성군의 길을 걷지 못하는 것으로 생각했기 때문이다.

그러나 무엇보다도 왕과 신하들의 이 같은 대화에는 과거에 칭송되었던 성군의 정책이 지금의 일을 판단하는 기준이 된다는 의식이 담겨 있다. 『대학』을 비롯한 유가의 경전에서 과거의 왕이나 군자들의 덕을 칭송하고 있는 부분을 자주 목격할 수 있는 것 또한 이 때문이다.

> 『시경』에서 말하길 '아아! 앞선 왕들을 잊지 못한다'라고 하니, 군자는 그 현명함을 현명하다 하여 좋아하고 그 친함을 친하다 하여 좋아하고, 소인은 그 즐거움을 즐겁다 하여 좋아하고 그 이로움을 이롭다 하여 좋아하니, 이 때문에 이 세상이 다하도록 왕들을 잊지 못하는구나.

중국은 다른 어떤 문화권보다도 역사 서술이 발달했고, 현재의 문제를 해결하는 기준을 지나간 역사에서 찾는 경향이 강하다. 이처럼 과거에서 현재 문제의 해법을 찾는 것을 '상고주의'라고 한다.

  나는 나면서부터 이것을 알고 있었던 게 아니라 옛것을 좋아
  하여 열심히 그것을 구한 것이다.

  옛것을 배우고 그것에서 새로운 가치를 발견하는 사람이라
  면, 스승으로 섬겨도 좋다.

  있었던 일을 논술하되 새로이 창작하지 않는다. 옛것을 믿고
  옛것을 좋아하기 때문이다.

  이것은 모두 공자의 말로, 우리는 여기서 과거 문화에 대한
존경심을 읽을 수 있다. 이런 경향은 『대학』과 『중용』에도 반영
되어서, 옛 성인들의 업적을 칭송한 『시경』의 시를 빌려 효과적
으로 자기 주장을 편다. 『시경』의 시구를 『대학』은 열두 개, 『중
용』은 열여섯 개 인용하고 있는데 이 시구들은 궁중에서 부르
던 음악인 '아'에 속하는 것들이다. 그러므로 이 시들의 내용은
주로 성인과 군자의 덕을 노래하는 것이다. 『중용』에서는 성인
을 "총명하고 성스러운 지혜를 지녀서 하늘의 본질에 도달한
사람이 아니라면 그 누가 성인을 알 수 있겠는가"라고 칭송하

고 있다. 이처럼 철학자들이 자신의 이론을 정통으로 내세우거나 자기 주장의 권위를 높이기 위해 성인이나 성군으로 칭송된 인물들의 치적을 빌리는 것은 상고주의에 기인한 것이다.

『대학』은 주로 문왕과 무왕의 덕을 칭송하며 독자들에게 최고의 정치를 펴는 인재가 되라고 격려를 하고, 『중용』은 문왕의 덕이 끊임없이 이어져 하늘과 하나가 되었다고 칭송하며 정성을 다해 수양할 것을 격려하고 있다. 이미 과거에 있었기에 다시 실현할 수 있다는 현실성을 부여해 백성들이 분발하도록 격려하는 데 활용한 것이라 할 수 있다.

『시경』에서 '저기 있어도 미워하는 사람이 없고 여기 있어도 싫어하는 사람이 없다. 밤낮으로 힘써서 영원히 칭송되기를 바란다'라고 말한다. 군자가 이렇게 하지 않고서 일찍이 세상에 명예를 빛낸 일은 없다.

『시경』에서 '오로지 하늘이 명한 것은 아, 깊고 멀어서 끝이 없다'라고 했는데, 이것은 하늘이 하늘이라 불리는 까닭을 말한 것이다. 또 '아, 뚜렷이 드러나지 않는가. 문왕의 덕의 순수함이여!'라고 했는데, 이것은 문왕이 문왕이라 불리는 까닭을 말한 것이다. 그것은 끝이 없는 순수함이었다.

유가에서 말하는 성인 계보

요·순·우·탕·문·무·주공이다. '요(堯)'는 이름이 방훈(放勳)이고, 씨족사회 후기의 부족 수령으로 도(陶)에서 살다가 당(唐)으로 옮겨 살아 도당씨(陶唐氏)라고도 불린다. 관청을 설치해 시령(時令)을 관장하고 역법을 정했으며, 곤(鯀)에게 홍수를 다스리게 했지만 실패하자 순(舜)으로 후계자를 정한다. 50세에 순에게 섭정을 맡겼고 그가 죽자 순이 선양하는데, 일설에는 요가 만년에 덕이 쇠해 순에 의해 투옥되었다가 지위를 빼앗겼다고도 전해진다. 순의 성은 우(虞) 또는 유우(有虞)로 이름은 중화(重華)이다. 『사기』에 의하면, 어린 나이에 어머니를 여읜 순은 장님인 아버지 고수(瞽瞍)가 후처로 들인 계모와 이복동생 상(象)이 죽이려 했음에도 효행의 도를 다했다고 전해진다. 당시 천자인 요는 순의 평판을 듣고 자신의 두 딸인 아황과 여영을 순에게 출가시키고 등용했으며, 요가 죽자 천하의 인심이 섭정한 순에게 기울어졌기 때문에 마침내 순이 요의 아들인 단주(丹朱)를 대신해 제위에 올랐다고 한다. 순 또한 상균(商均)이라는 아들이 현명하지 못해 치수 사업에 공적이 큰 우(禹)가 그의 재위를 전한다. '우(禹)'는 하(夏) 왕조 시조로 성은 사(姒), 이름은 문명(文命), 전욱(顓頊)의 손자이고 곤(鯀)의 아들이다. 요임금 때 대홍수가 발생하자 섭정인 순이 그에게 치수할 것을 명령하자, 13년 동안 고생하여 성공함으로써 천하를 9주(州)로 나누고, 순이 죽자 제위를 계승한 후 나라 이름을 하(夏)로 고친다. 그가 재위 10년 만에 회계에서 죽자 그의 아들 계(啓)가 천자가 되었는데, 이때부터 중국 역사에서 왕위의 세습화가 시작된다. 그의 아버지인 '곤'은 요임금의 명령으로 홍수를 다스리려 했지만 실패하여 순임금에 의해 우산(羽山)으로 추방당해 죽은 것으로 『서경』과 『사기』에서 전한다. '탕(湯)'은 성은 자(子), 이름은 이(履) 또는 천을(天乙). 상족(商族)의 우두머리로 하나라의 걸왕을 쫓아낸 후 박(亳) 땅에 도읍을 정하고 상나라를 세운다. '무(武)'는 이름이 희발(姬發), 문왕(文王)의 큰아들 백읍고(伯邑考)가 상(商) 주왕(紂王)에게 피살되어 둘째인 그가 왕위를 계승해 3년간 재위한 후 93세에 죽는다. 문왕은 천하가 그를 지지해도 자신의 큰아들을 죽인 상나라 주왕을 치지 않고 신하의 예를 다했지만, 무왕은 동생인 주공단(周公旦)을 비롯해 강태공(姜太公)과 소공석(召公奭)의 보좌를 받으며 목야(牧野) 전투에서 상왕조를 멸망시킨 후 서주(西周)를 세운다. '주공(周公)'은 '주공단(周公旦)'으로 공자나 유가들에 의해 최고의 성인으로 추앙받는 인물로 형인 무왕이 은나라를 멸망시키고 주나라를 세우는 데에 기여한 인물이다.

이처럼 과거의 일을 통해 지금의 일을 비판적으로 성찰하고 미래를 제시하는 상고주의는 유학의 중요한 특색이다. 이 논리를 따르면 현재 군자가 풀어야 할 문제들의 해법은 과거에 이미 존재했다고 할 수 있는 것이다.

옛것을 존중하는 것은 매우 자연스러운 일이고, 현재와 미래의 삶을 계획하는 데 과거의 행적이 담긴 역사 자료는 매우 중요하다. 하지만 과거의 일이 현재나 미래의 일을 비판하거나 판단하는 절대적인 잣대가 될 수는 없다. 왜냐하면 시대에 따라 일을 처리하는 방식은 달라지기 때문이다.

첫 번째 이정표

『시경』
유교문화연구소, 성균관대 출판부, 2008

『대학』과 『중용』에서 자주 인용하는 고전 문헌은 『시경』이
다. 『시경』은 『모시(毛詩)』라고도 불린다. 『시경』은 유학의 경전
인 삼경 중 하나로, 그중에서도 맨 처음으로 손꼽히는 문헌이
다. 『시경』은 주나라 시대 각 지역에서 유행하던 일반 백성들
의 남녀 간의 애정을 표현한 민간 음악(풍), 귀족들의 공식 연
회와 조회할 때의 음악(아), 왕실의 종묘 제사 때 조상들의 은
덕을 기리는 음악(송) 등의 내용으로 구성되어 있으며 현재 제
목만 전해지는 6편을 제외하면 305편이 전해진다.

『논어』 「자한」에 공자가 말하길 "내가 위나라로부터 노나
라로 돌아온 뒤에야 음악이 바로잡히고 아와 송이 각각 제자리
를 잡았다"라고 기록하고 있는 것을 볼 때, 공자가 옛날부터 전
해져오던 시들을 모아 작품성이 인정된다고 생각한 시 311편으

로 간추려서 정리한 것으로 보인다. 이 때문에 『시경』은 '시삼백'이라고도 불린다. 공자는 『시경』에 대해 한마디로 "생각에 사악함이 없다[思無邪]"라고 평한다.

『시경』은 지금으로부터 2,500여 년이 넘는 시대의 노래들로 구성된 중국에서 가장 오래된 시가집이다. 어느 한편에 치우치지 않고 민간, 사대부 귀족, 왕실 등 모든 계급의 정서를 담고 있으므로 당시의 사회상이나 정치, 의식, 문화 등 각 방면에 대한 전반적인 내용을 이해할 수 있는 귀중한 자료이다. 반고(班固)의 『한서』 「예문지」에는 과거 조정에는 민심의 동향을 살펴서 정치에 반영하기 위해 각 지역의 유행하는 노래를 모으는 채시관(採詩官)이 있었다고 한다. 채시관들이 각 지역에 유행하는 노래와 가사를 모아서 보고하고 군주는 그것을 통해 민심의 동향을 알아보고 정치에 참고로 삼았다고 한다. 『국어』에서는 각 지방의 수령들이 천자에게 실무를 보고할 때 각기 자기 지방에서 유행하는 시들을 모아 헌시했다는 기록이 있고, 『소대례』에는 천자가 각 지방을 순찰할 때 역시 각 지방의 수령들은 실무를 보고하며 그 지역에서 유행하는 시를 함께 바쳤다고 기록하고 있다.

『사기』는 옛날의 시 3,000여 편이 있었는데 공자가 중복되는 것을 빼고 예의에 합당한 305편을 뽑아서 정리했다고 전한다. 공자가 그때 본 여러 편의 시들은 앞서 말한 채시, 헌시, 진시 등의 과정을 통해서 수집된 시들로 보이며 이것이 오늘날 『시경』의 바탕이 된 자료들이라 할 수 있다.

중국 전통 문학의 역사는 『시경』에서 비롯해 『시경』의 연구와 해석을 통해 발전했다고 해도 과언이 아니며 한국의 고대 문학에도 많은 영향을 끼쳤다. 일례로 학문하기를 지독히도 좋아했던 군주로 유명한 정조가 다산 정약용에게 『시경』의 구절에 대해 조목조목 질문했다고 한다. 다산은 정조의 질문에 대해 『시경』의 순서에 따라 하나하나 답했다고 하는데 그 내용을 담은 문헌이 오늘날 전해지는 『시경강의』이다.

두 번째 이정표

『논어정독』
임옥균, 삼양미디어, 2015

『논어』는 유가의 시조인 공자(孔丘, 기원전 551~479)의 언행과
사적을 기록한 문헌이다. 공자 사후에 그의 문인들이 공자의
사상과 행적을 널리 알리고자 편찬한 문헌이 『논어』이다.

『대학』과 『중용』에서 『논어』의 내용은 자주 언급된다. 『논
어』의 '논(論)'이란 토론한다는 뜻이고 '어(語)'는 공자가 가르치
고 설명한다는 뜻이다. 통행본 『논어』는 모두 20편으로 구성되
어 있는데 앞의 10편과 뒤의 10편은 내용과 형식에서 차이가
있다. 예컨대 앞의 10편은 주로 짧은 문장으로 구성된 것이 많
고, 공자가 하는 말에 대해서도 '자왈(子曰)'이라는 표현을 사용
한다. 반면, 뒤의 10편은 대체로 문장이 길고 제자들의 말이 많
이 보이며 '공자', '중니(仲尼)', '공구(孔丘)'라는 표현이 혼용된다.

지금의 『논어』라는 이름으로 널리 불리게 된 것은 대략 전
한 시대의 6대 황제인 경제와 7대 무제 연간으로 추정되며, 후

한 시대에 이르러 현재 일반에 널리 유행하는 판본(통행본)과 같은 형태로 정리된다. 『논어』 20편의 각 편명은 별다른 의미가 없이 그 편이 시작하는 첫 문장의 맨 앞 두세 글자를 따온 것이다. 예를 들면 『논어』의 첫 편의 이름은 「학이」인데 '학이'라는 편명은 그 편의 첫 문장인 "학이시습지, 불역열호(學而時習之不亦說乎)"의 처음 두 글자를 따온 것이다.

『논어』의 전체적인 분위기는 일상의 활동에서 항상 '도(道)에 뜻을 두고, 덕(德)을 굳게 지키며, 인(仁)에 의지하고, 예(禮)에서 노니는 것'이다. 『논어』의 중심 사상은 '인(仁)'이고, 모든 내용은 '인'을 실행하는 방법인 '극기복례(克己復禮)'로 귀결된다. 여기서 '극기'란 수양을 통해 자신의 생물학적 욕구를 극복(克)한다는 의미이고, '복례'의 '복(復)'은 새로운 문화나 제도를 창조한다는 의미가 아닌 춘추시대에 들어서면서 급속하게 무너지는 예제를 다시 회복한다는 의미이다. 다시 말해 공자가 '극기'를 통해 완성하고자 한 최후의 목표는 '복례'이다.

공자가 가장 사랑한 제자인 안연이 인에 대해 공자에게 묻자, 그는 '자기의 (생물학적) 욕구를 이겨내서 예를 회복하는 것이 인을 행하는 것이니, 하루라도 자기의 욕구를 이겨내서 예를 회복한다면 천하가 인으로 돌아갈 것이다. 인을 행하는 것이 자신에게서 말미암는 것이지 남으로부터 말미암는 것이겠는가?'라고 대답한다. 안연이 '자세한 조목을 듣고 싶습니다' 라고 다시 청해 묻자, 공자가 말하길 '예가 아니면 보지 말고, 예가 아니면 듣지 말고, 예가 아니면 말하지 말고, 예가 아니면 행동하지 말라'(『안연』)고 대답한다. 그의 사상의 모든 것은 궁극적으로 바로 '예'의 실천 의식으로 표출된다.

『논어』의 '극기복례'의 사유는, 유교의 핵심 명제이자 사유 체계의 골간으로써 후대에 분기한 모든 유학 학파의 전 체계를 관통한다. '인'을 언급하면 반드시 맨 처음 강조되는 것은 '극기'의 내용이다. 공자가 제자들이나 사람들의 질문에 모름지기 각자 스스로가 어떻게 해야 한다고 답변한 내용이 모두 여기에 해당한다. '극기'가 강조된 것은 당시 전통적 예제의 가치와 질서가 급속하게 훼손된 책임이 위정자들의 도덕적 수양이 결여된 데 있다는 사고에서 기인한다.

공자는 스스로가 자신을 "옛것을 좋아하고 민첩하게 그것을 구하는 자일 뿐이다"라고 평가하듯이, 공자가 추구한 군자상(君子像)은 고전 문헌 전반에 대한 폭넓은 지식을 쌓고 전통 예법을 파괴하지 않는 교양인, 문화인을 말한다. 공자는 스스로가 전통문화의 계승자임을 자처하면서 전 생애에 걸쳐서 중국의 전통문화를 보존하고 발전시킬 수 있는 지식인을 양성하는 일에 주력했다.

『장자─낙천적 허무주의자의 길』
김갑수, 글항아리, 2019

『장자』는 전국 중기에서 후기 초반까지 활동한 송(宋)나라 몽(蒙) 지방 출신의 장주(莊周, 기원전 359?~275?)의 사상을 담은 문헌이다. 장자는 노자 사상을 계승한 원시 도가를 대표하는 인물로 도교에서는 그를 가리켜 '남화진인' 또는 '남화노선'이라고 부르고 그의 저술을 『남화진경』이라 부르며 받든다. 현재 통용되고 있는 통행본 『장자』 33편은 삼국시대 서진(西晉)의 곽상(郭象, ?~312)이 정리한 것이다. 사마천의 『사기』 「노자한비열전」에서는 장자가 문장력이 뛰어나서 정치한 표현으로 유가와 묵가를 공격하는데 비록 당대의 대학자라도 그의 공격을 피할 길이 없었다고 기록한다.

『장자』의 중심 사상은 도(道)의 관점에서 보면 '모든 만물의 가치는 차이가 없다는' '만물제동(萬物齊同)', '사물에는 귀하고 천함이 없다는' '물무귀천(物無貴賤)', 곧 자연과 인간의 세계에서 서로 다르거나 상반되어 보이는 모든 것이 인간 감각 기관의 지각이나 분별에 의한 것일 뿐 본래는 '모두가 한결같다는' '제물(齊物)'이다. 그러한 도가 실현된 이상향을 장자는 '어떠한 인위도 존재하지 않는' 정신의 절대 경지인 '무하유지향(無何有之鄕)'으로 묘사한다.

장자가 그리는 삶은 모든 인위도 개입되지 않고 묵묵하게 우주 자연의 원리에 따라서 만물의 변화와 함께하며 '타고난 삶을 온전히 보존하고 몸을 보전하는' '전성보신(全性保身)'의 진리를 실현하는 데에 있다. 또한 자연의 원리에 자신을 맡기고 묵묵하게 순응하는 정신 경지를 추구하므로 모든 예법과 문명의 속박을 거부한다.

모든 대립과 차별을 포용하는 도는 인간의 유한한 지식과 감각 기관으로는 알 수 없다. 도의 체득은 각자가 직접 체험을 통해 깨우치는 수양을 통해 얻을 수 있는 것이다. 즉 도의 경지는 누가 가르쳐주는 것이 아닌 스스로가 마음의 수양을 통해 직접 감각 기관의 지각 능력의 한계를 뛰어넘을 때 도달할 수 있다. 마음의 수양이란 사물의 경계를 잊는 '좌망(坐忘)'의 수양과 '심제(心齊)'의 수양을 말한다.

흔히 동양의 전통 사회를 대표하는 문화로 유불도를 꼽는다. 마음의 수양을 강조한 장자의 철학은 불교가 중국 사회에 안착하고 중국식 불교로 발전하는 데에 지대한 역할을 한다. 인도에서 중국으로 건너온 불교의 공(空) 사상은 노자와 장자의 유·무를 초월한 정신 경지의 체험이라는 관점을 통해 이해되었다. 마음의 수양을 강조한 장자의 철학은 모든 것은 마음의 문제에서 비롯한다는 선종이라는 중국식 불교 문화를 탄생시키는 데에도 일조한다. 유교는 다시 도교와 불교 이론을 흡수해 유학의 도덕 철학을 형이상학 체계로 변형하며 신유학을 탄생시킨다. 송나라 시대에 탄생한 신유학은 원시 유가의 현실주의 도덕 철학이나 한대의 경전 주석과 해석의 유학과는 전혀 다른 형이상학적 유학으로 변모한다. 신유학에 이르러 도가의 핵심 개념인 도 곧 우주 자연의 이치는 기존 유학의 하늘 관념을 대신해 '이(理)' 관념을 낳게 된다. 즉 유학은 신유학인 성리학의 탄생으로 우주 자연의 원리와 이치(理)에 근거해 인간 본성(性)을 논하는 유학으로 탈바꿈된다.

『맹자강설』
이기동, 성균관대 출판부, 2005

『맹자』는 『논어』『대학』『중용』과 더불어 사서의 하나이다. 맹자(孟軻, 기원전 372?~289?)는 공자 사후 100여 년 뒤에 태어나 전국시대에 활동한 인물이다. 맹자가 만장의 문인들과 함께 저술했다는 『맹자』의 구성은 본래 7편이었는데, 현재 통행하는 『맹자』 14편은 후한 시대의 학자인 조기(趙岐)가 각 편을 상하로 나누어 14편으로 편집한 것에서 비롯한다. 『맹자』는 『논어』와 달리 비교적 긴 문장으로 구성되어 있고 고도로 논쟁적인 성격을 지닌다. 『논어』가 주로 교훈을 주는 격언서나 금언서의 성격을 지니는 데에 반해, 『맹자』는 자신의 주장을 상대에게 관철하려는 대화체의 논쟁적 성격을 지닌 문헌이다.

맹자는 공자의 손자이자 『중용』의 저자로 추정되는 자사(子思)의 문인에게서 6경을 배웠다. 그는 후대의 유교에서 공자의 다음 가는 성인이라 하여 유교의 아성(亞聖)이라고 칭해진다. 맹자는 당시에 유행한 양주와 묵적의 학설로 인해 자신의 스승인 공자의 도가 세상에 드러나지 못하는 것에 대해 매우 안타까운 심정을 토로한다. 그는 정계에 나아가지 못하고 물러나 제자들과 함께 공자의 뜻을 계승하고 밝히고자 『맹자』 7편을 저술한다.

『맹자』의 중심 사상은 『논어』와 마찬가지로 '인'의 실현이다. 맹자는 하, 은, 주나라 3대가 천하를 얻을 수 있었던 것도 바로 '어진 정치'를 했기 때문이라고 강조한다.

맹자의 사상은 하늘로부터 부여받은 인간 본성에 깃든 선한 도덕심을 보존하고 배양하는 극기의 도덕 수양을 중시한다. 즉, 『논어』의 "선생님(공자)께서 성(性)과 천도(天道)에 대해 언급하는 것을 들어보지 못했다"라는 기록에 반해, 맹자는 하늘의 권위와 인간의 삶을 결부시키며 하늘로부터 부여받은 인간 본성의 선한 도덕심을 지키자는 '성선설'을 주장한다. 『논어』에는 '인간 본성'을 의미하는 '성(性)'에 대한 언급이 거의 없고 단지 "인간의 본성은 서로 차이가 없이 가깝다"라는 정도의 언급만 있을 뿐이다. 이에 대해 맹자는 인간의 본성이 선함(性善)에서 서로 차이가 없다는 의미로 해석하고, 맹자 이후에 활동한 순자(荀子)는 인간의 본성이 악하다는 것[性惡]에서 서로 차이가 없다는 의미로 이해해 공자의 사상을 계승한다.

맹자의 유학은 현실주의적 색채가 강한 공자의 유학과는 달리 형이상학적인 색채가 짙다. 예컨대 그의 성선설은 인·의·충·신 등의 덕목들도 모두 하늘이 부여한 것임을 주장한다. 성선설이란 인간의 본성은 인·의·예·지라는 네 가지 덕(四德)의 싹인 '사단(四端)'을 하늘로부터 부여받았으므로 그것을 잘 기르고 가꿔서 사덕의 열매를 맺어야 한다는 것이다. '사단'이란, 남의 어려운 처지를 측은하게 여기는 마음의 '측은지심', 의롭지 못한 것을 부끄럽게 아는 마음의 '수오지심', 공경할 줄 아는 마음의 '사양지심', 옳고 그름을 아는 마음의 '시비지심'을 말한다. 맹자의 도덕 수양(극기)론의 핵심은 인·의·예·지의 씨앗의 눈과 같은 사단을 외부의 영향으로부터 방해받지 않고 잘 보존하고 자라게 해서 사덕의 열매를 맺게 하는 데에 있다. 이를 위해 물욕으로 인해 흩어져버린(변질된) '본래의 마음을 다시 찾는' '구방심(求放心)'의 수양과 '타고난 자기의 마음을 잘 보존하는' '존심(存心)'의 수양을 해야 한다. 즉, '만물은 모두 자기 자신에게 갖추어져 있으므로' 외부에서 찾기보다는 '자기 자신의 마음을 다하는' '진심(盡心)'의 내적 수양을 강조한 것이다. 『중용』과 더불어 이러한 맹자의 사상은 이후 마음을 중시하는 유학의 경향을 낳는다.

성선설이 정치 범주에 확장되어 나타난 것이 맹자의 인의에 의한 왕도정치 이론이다. 왕도정치의 핵심은 오직 인과 의를 추구하는 정치를 말하며, 힘과 무력을 동원해 이익을 추구하는 정치를 패도(覇道)정치로 규정하고 철저하게 반대한다. 맹자는 '하늘은 덕을 지닌 자'인 '유덕자(有德者)'를 천자로 부여한다고 하며. 덕이 없는 군주는 천명을 받지 못한 존재이므로 교체되어도 마땅하다는 역성(易姓) 혁명론을 주장한다.

『한비자 정독』
김예호, 삼양미디어, 2018

한비자의 이름은 한비(韓非, 기원전 ?~234)로 전국시대 말기 한(韓)나라 공자(公子)의 신분으로 태어나서 중국 고대 법가 사상의 '법치', '술치', '세치'의 통치론을 집대성한 인물이다. 법치주의를 표방한 진나라에 의해 7웅이 자웅을 겨루던 전국시대가 종결을 고했다는 점에서 사실상 춘추전국시대의 사상 논쟁을 마감한 학자라 할 수 있다.

『사기』「노자한비열전」에 의하면, 한비자는 자신의 조국인 한나라에서 오두(五蠹)의 무리가 횡행하고 권문세족들이 청렴하고 강직한 인재들을 배척하는 현실을 개탄해 슬픔과 울분에 잠긴다. 그는 조국의 당시 상황을 매우 슬퍼하며 과거에 지나간 득실(得失)의 변천을 살펴서 10여만 자의 글을 남겼다고 한다.

이른바 '오두'란 나라의 이익을 좀먹는 '다섯 가지 좀벌레'의 부류를 말한다. 이 중 한비자가 가장 맨 처음 수위에 올려놓고 강력하게 비판하는 대상은 바로 '고전 문헌으로써 법을 어지럽히는 학자의 무리'인 유학자들이다. 당시 유가와 법가의 사상 대립이 격렬했음을 보여준다.

조정에서 소외되었던 한비자는 자신의 조국인 한나라가 진나라에 의해 멸망의 위기에 처하자 조정의 부름을 받아 진나라에 사신으로 간다. 당시 진나라의 재상이던 이사는 한비자와 동문수학하던 사이였지만 그에게 간첩죄를 씌워 옥에 가둔 후 사신으로 온 그에게 사약을 내려 자살하게 한다. 후일 진시황이 되는 진나라 왕 영정(嬴政)은 어떤 이가 가져온 한비의 글 「고분」과 「오두」 2편을 보고 '아! 내가 이 사람과 더불어 사귈 수만 있다면 죽어도 여한이 없다'라고 했을 정도로 애통해했다고 한다. 한비자는 생전에 조국인 한나라에서 큰 쓰임을 받지 못하다가 진나라의 공격을 앞두고 바람 앞의 등불과 같았던 자신의 조국을 구하려다 독살당하는 기구한 운명을 맞은 것이다.

『한비자』의 중심 사상은 '법은 귀함에 아첨하지 않고 평등하다는' '법불아귀(法不阿貴)'의 법치주의이다. 『예기』에서는 "형(법)이란 대부에게까지 올라가지 않고 예란 서민에게까지 내려

가지 않는다"라고 기록하고 있다. 당시 계급사회에서 대부 이상에게 적용되던 통치 수단은 예였고 그들에게 법(형)은 적용되지 않았다. 법가의 법치주의는 '예'와 '법'이라는 두 가지 통치 수단을 가지고 다스리던 기존의 제도를 혁신해 법이라는 하나의 통치 수단으로 일원화하는 것이었다. 따라서 한비자가 비판한 주요 대상은 과거의 전통을 옹호하며 예치를 주장한 유가였다.

법가는 직선적인 역사관을 지녔으며 선왕의 정치를 추구하는 유가에 대해 '이 시대에 과거 요·순·우·탕·문·무의 도를 찬미하는 자가 있다면 반드시 새로운 성인에게 비웃음거리가 될 것'이며 그들의 다스리는 방법 또한 자신들이 처한 시대 상황에 따라 모두 다른 것이었다고 비판한다. 한비자는 "옛것을 따르기를 기필하지 않고(不期修古) 항상적인 법을 본받지 않으며, 세상의 일을 논의해 그 문제에 알맞은 대책을 세우는 것"이 바로 성인의 정치라고 주장하며 기존 질서를 혁신하자는 변법을 역설한다.

역대 유학자들은 『한비자』를 '감히 할 수 없는 것', '깊은 슬픔에 잠기게 하는 것', '잔인한 것' 등의 수식을 붙이며 경계한다. 그러나 중국의 역대 왕들은 남의 눈이 있을 때는 『논어』를 보고 혼자 있을 때는 『한비자』를 보았다고 한다. 『한비자』

를 역대 제왕들은 왕의 자리에 오른 자라면 반드시 보아야 할 정치의 필독서로 인식한 것이다. 유가와 법가의 논쟁 곧 '유법논쟁'은 중국 역사에서 사회주의가 들어선 후 전개된 문화대혁명기에도 재현될 만큼 역사가 깊다. 유가와 법가는 동전의 양면과 같아서 서로 반대 방향을 바라보고 있지만 사실상 중국 전통 계급사회의 현실 정치는 항상 예와 법이 병용하는 방법을 사용했다. 한마디로 유가와 법가의 관계는 전통 계급사회에서 '내법외유(內法外儒)', '내유외법(內儒外法)' 관계를 형성하지 않았던 때가 없었다.

『전국책』
유향, 진기환 옮김, 명문당, 2021

　『전국책』은 『대학』과 『중용』이 쓰인 시기의 사회정치적 상황이 어떠했는지를 가장 적나라하게 보여주는 문헌이다. 춘추시대가 공자가 편찬한 『춘추』라는 문헌에서 유래했듯이 전국시대라는 명칭은 『전국책』에서 유래한다.

　『전국책』을 편찬한 인물은 전한 시대의 유향(劉向, 기원전 77?~6?)이다. 유향은 한나라 고조 유방의 이복동생인 유교의 후손으로 선제 때 궁중도서관인 석거각에서 오경을 강의하며 흩어져 있던 춘추전국시대의 고문헌들을 수집해 정리한 인물이다. 『전국책』은 유향이 당시 천자의 장서고인 비부(秘府)에 『국책』 『국사』 『단장』 『사어』 『장서』 『수서』 등의 제목으로 흐트러져 있던 죽간 자료를 모아서 연대순으로 정리하고 중복된 내용을 삭제해 비단에 33권으로 정리한 문헌이다.

『전국책』은 대략『춘추』이후의 바로 이어지는 시기로부터 통일제국 진나라 시기에 항우의 초와 유방의 한이 일어서기 시작한 245년간의 일들을 기록하고 있다. 문헌의 내용은 주로 전국 시기 여러 제후국 사이에서 발생한 격렬한 정치 투쟁과 이를 두고 펼쳐지는 각국 전략가들의 유세와 외교 및 정치 전략 등의 이야기를 간략하고 생동감 넘치게 서술하고 있다.

『전국책』은『대학』과『중용』이 탄생한 시기의 사회정치적 상황을 가장 잘 보여주는 자료이자 문학적 가치가 높은 역사 산문으로, 이후『사기』와『한서』등 역사서 및 시·부 등의 문학에 모두 깊은 영향을 주는 문헌이다.『전국책』은『사기』에 비해 간단명료하게 인물과 사건을 하나씩 다루면서 병법서 못지않게 자신이 처한 곤란한 상황을 타개하기 위한 복잡한 인간의 심리를 파헤치는 내용을 묘사하는 기록들이 많이 실려 있다.

전국시대는 시대의 명칭이 보여주듯 전쟁이 빈번하게 발생한 약육강식의 시대였다. 전국시대는 직접 군대를 동원한 물리적인 전쟁뿐만 아니라 타국의 침략으로부터 자신을 보존하기 위한 외교 전쟁도 매우 치열하게 전개된 시기이다. 특히 당시 서쪽에 위치하던 진나라는 철기의 보급, 화폐의 주조, 법치주의 실행 등 변법운동의 성공으로 국력이 급속도로 성장하면서 동쪽 6국을 제압해 중국을 통일하려는 동진 정책을 세운다. 진나라의 동진 정책은 당시 사회의 정치와 외교적 갈등의 중심 문제였다. 『전국책』은 진나라의 원교근공 정책(먼 나라와는 친교하고 가까운 나라부터 공략한다는 전략)으로 인한 당시 제후국들 사이의 첨예한 대립과 위기 상황을 생동감 있게 느끼게 해준다. 소진의 합종책, 장의의 연횡책 등을 비롯해 당시 제압하려는 강자와 제압당하지 않으려는 약자들 간에 펼쳐지는 각국의 외교전략이 생생하게 묘사되어 있다.

유향은 『전국책』의 서문에서 유학이 버림받은 상황과, 무력과 책략만을 앞세운 전국시대 사회의 풍토를 신랄하게 비판하면서도, 다른 한편으로 무력뿐만 아니라 책략도 뛰어난 지혜를 짜내어 위급한 상황을 안정된 상황으로 전환하고 멸망하는 것을 보존할 수 있게 하는 장점이 있는 것이라고 평가한다. 그는 그런 점에서 『전국책』은 모두 읽어볼 가치가 있는 문헌이라는 말로써 서문을 끝맺고 있다.

생애 연보

증자(曾子, 기원전 505~436?)

이름은 삼 또는 참(參)이고, 자는 자여(子輿)이다. 노나라 남무성(南武城) 곧 지금의 산동성에서 출생했고 공자의 제자였던 증점(曾點)의 아들이다. 그는 공자보다 46살 연하로 그의 아버지와 함께 공자에게 배웠고 학문에 대한 뜻이 성실했으므로 공자의 도의 진수를 얻었다고 한다. 공자가 "나의 도는 하나로 꿰뚫었다(吾道一以貫之)"라고 하자 그 뜻이 충서(忠恕)일 뿐이라고 설명한 내용이 『논어』에 나온다. 그가 『대학』을 지었다고 하지만 확실하지 않다. 그는 효심이 두텁고 효를 백행의 으뜸으로 생각했으며 그의 효행의 일화가 『논어』와 『맹자』에 나온다. 그는 하루에 세 번 반성하는(一日三省) 수양 방법을 제창했다. 그의 가르침은 공자의 손자인 자사(子思)를 거쳐 맹자에게 전해져 유교 사상사에서 중요한 위치를 차지하며, 공자, 안자, 자사, 맹자와 더불어 동양 5성(五聖) 중 한 명으로 꼽힌다.

자사(子思, 기원전 483?~402?)

이름은 급(伋)이고 자사는 자(字)이다. 공자의 손자로 노(魯)나라 출신이며 장년에 위나라에서 벼슬하다가 다시 노나라로 돌아가 교육에 전념했다고 한다. 증자에게서 학문을 배워 유학 연구와 전승에 힘썼으며 그의 문인이 맹자에게 학문을 전수했다고 한다. 그가 『중용』을 지었다고 하지만 확실하지 않다. 공자, 증자, 자사, 맹자로 이어지는 학통은 송나라 신유학(宋學)에서 매우 존중된다. 자사의 학문은 천인합일(天人合一)의 근거를 '정성됨(誠)'이라는 내면의 도덕적 범주에서 구한다. 그의 '정성됨'을 매개로 하늘과 인간이 하나가 되는 천인합일의 사상은 맹자와 함께 송학이나 마음을 중시하는 유학의 발전에 토대를 제공했다.

참고 문헌

김갑수, 『낙천적 허무주의자의 길』, 글항아리, 2019.

김교빈·이현구, 『동양철학에세이』, 동녘, 1993.

김교빈, 『한국철학에세이』, 동녘, 2003.

김예호, 『한중일의 유교문화담론』, 성균관대출판부, 2015.

김예호, 『한비자정독』, 삼양미디어, 2018.

김학주, 『대학 중용』, 명문당, 1984.

사마천, 『공자세가 중니제자열전』, 김기주 외 옮김, 예문서원, 2003.

샤오메이 천, 『옥시덴탈리즘』, 정진배 외 옮김, 강, 2001.

성백효, 『대학 중용집주』, 전통문화연구원, 1991.

심규호, 『연표와 사진으로 보는 중국사』, 일빛, 2002.

에드워드 사이드, 『오리엔탈리즘』, 박홍규 옮김, 교보문고, 1991.

유교문화소, 『시경』, 성균관대 출판부, 2008.

이기동, 『맹자강설』, 성균관대 출판부, 2005.

유향, 『전국책』, 진기환 옮김, 명문당, 2021.

이효범, 『끝없는 물음──인간』, 소나무, 2001.

임옥균, 『논어정독』, 삼양미디어, 2015.

풍우, 『동양의 자연과 인간 이해』, 김갑수 옮김, 논형, 2008.

EBS 오늘 읽는 클래식

대학 · 중용

1판 1쇄 발행 2022년 11월 25일

지은이 김예호

펴낸이 김유열 | **지식콘텐츠센터장** 이주희
지식출판부장 박혜숙 | **지식출판부·기획** 장효순, 최재진
마케팅 최은영, 이정호 | **인쇄** 윤석원
북매니저 윤정아, 이민애, 정지현

책임편집 표선아 | **디자인** 정계수 | **일러스트** 최광렬 | **인쇄** 재능인쇄

펴낸곳 한국교육방송공사(EBS)
출판신고 2001년 1월 8일 제2017-000193호
주소 경기도 고양시 일산동구 한류월드로 281
대표전화 1588-1580 | **홈페이지** www.ebs.co.kr
이메일 ebs_books@ebs.co.kr

ISBN 978-89-547-7142-9 04100
　　　978-89-547-6188-8 (세트)

ⓒ 2022, 김예호

* 이 책은 저작권법에 따라 보호받는 저작물이므로 무단 전재 및 무단 복제를 금합니다.
* 파본은 구입처에서 교환해드리며, 관련 법령에 따라 환불해드립니다.
　제품 훼손 시 환불이 불가능합니다.